NEUKIRCHENER

Ulrich H. J. Körtner (Hg.)

Hermeneutik und Ästhetik

Die Theologie des Wortes
im multimedialen Zeitalter

Neukirchener

Neukirchener Verlag
Verlagsgesellschaft des Erziehungsvereins mbH, Neukirchen-Vluyn

Umschlaggestaltung: Hartmut Namislow
Druckvorlage: Ingrid Brezina und Andreas Klein
Gesamtherstellung: Breklumer Druckerei Manfred Siegel KG
Printed in Germany
ISBN 3-7887-1846-3

Die Deutsche Bibliothek – CIP-Einheitsaufnahme

Körtner, Ulrich H. J.:
Hermeneutik und Ästhetik: die Theologie des Wortes im multimedialen Zeitalter / Ulrich H. J. Körtner (Hg.). – Neukirchen-Vluyn: Neukirchener, 2001
ISBN 3-7887-1846-3

Vorwort

Nach reformatorischem Verständnis ist das Christentum Religion des Wortes. Im Medium des Wortes, vor allem in den Schriften der Bibel und der christlichen Verkündigung, wird Gott nicht nur von Menschen interpretiert, sondern er wird in ihnen selbst vernehmbar und erfahrbar. Diese Einsicht ist zu Beginn des 20. Jahrhunderts in der sogenannten Wort-Gottes-Theologie neu zur Geltung gebracht worden. Rudolf Bultmann und die von ihm beeinflußte theologische Hermeneutik haben die damit gestellte Aufgabe später dahin interpretiert, daß es nicht nur um das Verstehen *von* Sprache, sondern vor allem um das Verstehen *durch* Sprache gehe.

Heutzutage wird die Theologie des Wortes Gottes unter anderem gerade wegen ihrer vermeintlichen Wortlastigkeit kritisiert, die zu einer einseitigen Betonung der kognitiven und zur Vernachlässigung der affektiven Dimension des Menschseins wie des Christentums geführt habe. Die Theologie des Wortes sieht sich einer neuen, gelegentlich auch als postmodern apostrophierten Religiosität konfrontiert, welche die Sinnlichkeit von Religion betont. Die theologische Diskussion hat sich in den letzten beiden Jahrzehnten von der Hermeneutik auf die Ästhetik verlagert. Dies entspricht einer auch innerhalb der Philosophie zu beobachtenden Entwicklung; und es entspricht den kulturellen Veränderungen der heutigen Mediengesellschaft, in der das Wort zunehmend durch das Bild und die Zeichen verdrängt wird.

Der vorliegende Band enthält die Vorträge der 2. Jahrestagung der 1998 gegründeten Rudolf-Bultmann-Gesellschaft für Hermeneutische Theologie e.V., die vom 6. bis 8. März an der Evangelischen Akademie Hofgeismar stattfand. Die aus unterschiedlichen Disziplinen stammenden Beiträge gehen der Frage nach, wie sich die theologische Kategorie des Wortes im Kontext der multimedialen Gesellschaft und der Debatte über eine ihr angemessene ästhetische Theorie neu bestimmen läßt. In Auseinandersetzung mit den zu beobachtenden Tendenzen einer postmodernen Ästhetisierung des christlichen Glaubens versuchen sie zu klären, wie es heute um die Wahrheit, Geltung und Verbindlichkeit des Glaubens bestellt ist.

Der Herausgeber dankt dem Neukirchener Verlag, insbesondere Herrn Lektor Ekkehard Starke, für die gute und inzwischen bewährte Zusammenarbeit. Dank gebührt ferner Fr. Ingrid Brezina und Herrn Mag. theol. Andreas Klein, die die Druckvorlage erstellt und bei der Korrektur geholfen haben.

Wien, im September 2000 Ulrich H.J. Körtner

Inhalt

Ulrich H.J. Körtner

Zur Einführung: Hermeneutik und Ästhetik
Zur Bedeutung einer theologischen Ästhetik für die Lehre vom Wort Gottes

I. Das Desiderat einer theologischen Ästhetik

Die Lehre von der sinnlichen Wahrnehmung bezeichnet man als Ästhetik. Die Fragen der Ästhetik sind so alt wie die griechische Philosophie, werden aber erst seit dem 18. Jahrhundert in einer eigenen philosophischen Disziplin behandelt.[1] Ihren Begriff hat A. Baumgarten geprägt[2], der zwischen Verstandeserkenntnis und sinnlicher Erkenntnis unterschied. Einen ersten Höhepunkt erreicht die ästhetische Theoriebildung in I. Kants Kritik der Urteilskraft[3]. Daß die sachlich-methodische Verselbständigung der Ästhetik im Zeitalter der Aufklärung erfolgt, ist kein Zufall, denn das Interesse am Status von Sinnlichkeit und Gefühl bildet die Kehrseite der Frage nach der Leistungsfähigkeit und den Grenzen menschlicher Vernunft. Die neuzeitliche Ästhetik befaßt sich mit der reflektierten Sinneswahrnehmung, aber auch mit der produktiven Einbildungskraft bzw. Phantasie[4], den Gefühlen und dem Schönen in Natur und Kunst, wobei auch die Kunst als autonomes Gebiet der Kultur ein spezifisch neuzeitliches Phänomen ist, beruht doch die Eigenständigkeit der modernen Kunst auf ihrer Emanzipation vom religiösen Kontext und dem Zerbrechen der klassischen Gestalt von Metaphysik, welche die innere Einheit des Wahren, Schönen und Guten im Gottesbegriff gegeben sah.

Das Thema einer *theologischen* Ästhetik erschöpft sich nun aber keineswegs mit der Verhältnisbestimmung von Glaube und Kunst nach

[1] Vgl. *B. Recki*, Art. Ästhetik I. Philosophisch, RGG[4] I, Tübingen 1998, Sp. 851-852.

[2] *A. Baumgarten*, Aestethica, 1750/51.

[3] *I. Kant*, Kritik der Urteilskraft, 1790.

[4] Vgl. *M. Trowitzsch*, Art. Phantasie, TRE 26, Berlin/New York 1996, S. 469-472.

der Aufklärung oder in der kritischen Auseinandersetzung mit der Funktion als Religionsersatz oder wahrer Religion, welche die Kunst in der modernen Gesellschaft eingenommen, aber auch immer wieder dementiert hat. Wie in der gegenwärtigen Philosophie Konzeptionen einer den Gegenstandsbereich der Ästhetik erweiternden Theorie der ästhetischen Erfahrung diskutiert werden[5], so gibt es auch Ansätze zu einer umfassenden theologischen Theorie des Sinnlichen.[6] Allerdings ist eine derartige theologische Ästhetik bislang noch immer »eher ein Desiderat als eine etablierte Disziplin« und »allenfalls rudimentär entwickelt«[7]. Dabei verdient dieses Thema höchste Aufmerksamkeit, und zwar gerade im Zusammenhang mit der Lehre vom Wort Gottes. Diese Feststellung mag zunächst überraschen, erklärt sich das gegenwärtige theologische Interesse an ästhetischen Erfahrungen in erheblichem Maße aus der Kritik an der Wort-Gottes-Theologie und ihrer Ablehnung des Religionsbegriffs wie auch der Religionspsychologie. Tatsächlich aber bedarf eine ausgearbeitete Lehre vom Wort Gottes einer theologischen Theorie ästhetischer Erfahrung, weil die als Wort Gottes bezeichnete Erfahrung existentiellen Angesprochenseins stets sinnlich vermittelt ist. Umgekehrt verweist die Kategorie des Wortes Gottes auf die der theologischen Ästhetik zukommende Aufgabe *kritischer* Wahrnehmung, weil sie gegenüber einem postmodernen Ästhetizismus und einer ihm entsprechenden pluralistischen Religiosität, welche sich der Wahrheitsfrage entziehen wollen, auf eben dieser insistiert.[8]

5 Siehe u.a. *G. Böhme*, Atmosphäre. Essays zur neuen Ästhetik, Frankfurt a.M. 1995; *O. Marquard*, Aesthetica und Anaesthetica. Philosophische Überlegungen, Paderborn 1989; *A. Gethmann-Siefert*, Einführung in die Ästhetik, 1995.

6 Siehe v.a. *H.U. v. Balthasar*, Herrlichkeit. Eine theologische Ästhetik, 3 Bde., Einsiedeln 1961-1969, ferner *H. Timm*, Das ästhetische Jahrzehnt. Zur Postmodernisierung der Religion, Gütersloh 1990; *A. Grözinger*, Praktische Theologie und Ästhetik, München ^{2}1991; *M. Zeindler*, Gott und das Schöne. Studien zur Theologie der Schönheit (FSÖTh 68), Göttingen 1993; *W. Lesch* (Hg.), Theologie und ästhetische Erfahrung. Beiträge zur Begegnung von Religion und Kunst, Darmstadt 1994; *K. Lüthi*, Mut zum fraglichen Sein. Wege eines Theologen zu zeitgenössischer Kunst und Literatur, Wien 1996; *P.Th. Erne*, Lebenskunst. Aneignung ästhetischer Erfahrung. Ein theologischer Beitrag zur Ästhetik im Anschluß an Kierkegaard, Kampen 1994.

7 *W. Schoberth*, Art. Ästhetik II. Theologisch, RGG^{4} I, Tübingen 1998, Sp. 853-854, hier 853.854. Der wichtigste katholische Entwurf stammt von H.U. v. Balthasar. Siehe oben Anm. 6. Einen auf 3 Bde. angelegten evangelischen Entwurf hat jüngst K. Huizing vorgelegt. Siehe *K. Huizing*, Ästhetische Theologie, Bd. I: Der erlesene Mensch. Eine literarische Anthropologie, Stuttgart 2000. Er definiert Ästhetik als »Elementarwissenschaft der Theologie« (S. 15ff) und stellt die Gleichung auf: Theologie = Ästhetik. Huizing spricht nicht von theologischer Ästhetik, sondern von ästhetischer Theologie.

8 Vgl. auch W. Schoberth, a.a.O. (Anm. 7), Sp. 854.

Weil das Wort Gottes *leibliches* Wort ist, geht seinem Verstehen die sinnliche Wahrnehmung voraus. Insofern bedeutet die Ausarbeitung einer theologischen Ästhetik weit mehr als die Anbiederung der Theologie an den Zeitgeist des »ästhetischen Jahrzehnts«[9]. Bezogen auf das Wort Gottes bzw. auf das Gotteswort im Menschenwort, aber auch bezogen auf seine Manifestationen außerhalb menschlicher Sprache, lenkt die theologische Ästhetik den Blick auf seine *Formen*, d.h. auf die Weisen seiner *Erscheinung* und seiner *Vernehmbarkeit*. Sie überschreitet somit die Grenzen der Schöpfungslehre, innerhalb derer die theologische Reflexion über die Sinnlichkeit und das Schöne zumeist stattfindet.

Was die sinnlich wahrnehmbare Gestalt menschlicher Sprache, geformter Rede und schriftlicher Texte betrifft, so knüpft theologische Ästhetik an die exegetische Methode der *Formgeschichte* an, reicht aber, sofern das Wort Gottes sich auch im nonverbalen Raum manifestiert, über Formgeschichte oder auch eine Kommunikationstheorie christlicher Verständigungsprozesse, über Homiletik, Poimenik und Religionspädagogik, hinaus. Wenn allerdings die Kommunikation des Wortes Gottes, ohne darin aufzugehen, an mündliche Sprache und an deren Verschriftung gebunden ist, dann sind, wie J.G. Hamann in seiner Kritik an Kants Vernunftbegriff ausgeführt hat, »*Laute und Buchstaben* [...] die wahren, ästhetischen Elemente aller menschlichen Erkenntnis und Vernunft«[10]. Theologie als *Grammatik* christlicher Sprach- und Lebensformen ist *Formenlehre* im weitesten Sinne des Wortes. »Sie intendiert primär nicht, wie Hegel den ›Begriff‹. Sie sucht auch nicht, wie Schleiermacher und Feuerbach, primär das ›Motiv‹. Sie hebt vielmehr auf die ›Form‹ ab«[11], zieht also die systematisch-theologischen Konsequenzen aus den Einsichten der Formgeschichte in die unauflösliche Verschränkung von Form und Inhalt und der Einbettung von Textformen und Gattungen in eine soziokulturell beschreibbare Lebensform. Nach O. Bayer zeigt sich die Fruchtbarkeit der formgeschichtlichen Fragestellung für die systematische Theologie, »wenn man etwa darauf achtet, wie die Geschichte der ›Klage des Gerechten‹ – freilich durch entscheidende und für das Verständnis unserer gegenwärtigen Situation aufschlußreiche Verschiebungen hindurch – noch in der Philosophie Kants und Horkheimers wirkt und diese Philosophen in bestimmter Hinsicht zu Auslegern der Psalmen macht.«[12]

9 Vgl. H. Timm, a.a.O. (Anm. 6), passim.

10 *J.G. Hamann*, Metakritik über den Purismum der Vernunft (1784), in: *ders.*, Sämtliche Werke III, hg. v. J. Nadler, Wien 1951, S. 281-289, hier S. 286.

11 *O. Bayer,* Autorität und Kritik. Zu Hermeneutik und Wissenschaftstheorie, Tübingen 1991, S. 187.

12 A.a.O. (Anm. 11), S. 188.

II. Ästhetik und Christologie

Eine *theologische* Ästhetik läßt sich freilich nicht mehr ungebrochen metaphysisch als Lehre vom Schönen in seiner Einheit mit dem Wahren und Guten ausarbeiten. Denn abgesehen von der Grundlagenkrise der Metaphysik in der Moderne ist auch die Kategorie des Schönen christologisch gebrochen und somit ein eschatologischer Begriff.[13] Auch die Natur läßt sich nicht unmittelbar als Schöpfung und somit als Anrede durch Gott erfahren, sondern ist als solche eine Quelle ambivalenter Erfahrungen des Sinnhaften wie des Sinnwidrigen.[14] Ist aber die Erfahrung der Natur als Schöpfung – wie der Gedanke der Schöpfungsmittlerschaft Christi besagt[15] – christologisch begründet, so kann auch eine Ästhetik der Schöpfung nicht von der Theologie des Kreuzes absehen. Das älteste Christentum hat das Gottesknechtslied aus Jes 53 auf Christus gedeutet. In diesem Text wird gesagt, daß der gefolterte Gottesknecht nichts Schönes an sich hatte, sondern geradezu abstoßend wirkte. »Er war der Allerverachtetste und Unwerteste, voller Schmerzen und Krankheit. Er war so verachtet, daß man das Angesicht vor ihm verbarg; darum haben wir ihn für nichts geachtet.«[16] Im Unterschied zur Ästhetik einer ideologischen Ganzheitlichkeit, welche das Leben überhöht, um den Preis, seine Zweideutigkeiten zu überspielen, führt der Geist Christi zu einer »Ästhetik des Häßlichen«[17], dessen Erlösung verheißen und zu erhoffen ist. Das Wahre, das Schöne und das Gute treten in der unerlösten, von der Sünde des Menschen bestimmten Welt, zueinander in Spannung, die sich nicht in einen metaphysischen Abschlußgedanken auflösen läßt. Das bleibt auch das Wahrheitsmoment der folgenreichen Differenzierung des Ästhetischen vom Ethischen bei S. Kierkegaard.

Eine theologische Ästhetik hat die Zweideutigkeit des schönen *Scheins* kritisch zu reflektieren, und zwar gerade dann, wenn es um das Wort des Glaubens geht. Die beständige Aufgabe der Theologie besteht nämlich darin, zwischen Wahrheit und Lüge zu unterscheiden. Ist das Wort vom Kreuz eine Torheit bzw. ein Skandalon, so bedeutet dies keineswegs die Absage der christlichen Verkündigung an Rhetorik und handwerkliches Können, wohl aber, daß Form und Inhalt kongruent zu sein haben. Die Botschaft des Evangeliums weckt Gefühle

[13] Vgl. auch *E. Jüngel*, »Auch das Schöne muß sterben« – Schönheit im Lichte der Wahrheit. Theologische Bemerkungen zum ästhetischen Verhältnis, ZThK 81, 1984, S. 106-126.

[14] Vgl. *U. Körtner*, Solange die Erde steht. Schöpfungsglaube in der Risikogesellschaft (Mensch – Natur –Technik 2), Hannover 1997, S. 55f.

[15] Vgl. Joh 1,3; I Kor 8,6; Kol 1,16f; Hebr 1,2; Apk 3,14.

[16] Jes 53,3.

[17] Zum Begriff vgl. *K. Rosenkranz*, Ästhetik des Häßlichen (1853), Nachdruck Darmstadt 1989.

der Freude und beflügelt die Phantasie mit dem Geist der Hoffnung und der Zuversicht. Aber sie besteht nicht aus vordergründig schönen Worten, sondern aus solchen, die ärgerlich und anstößig klingen. Wie darum Schönheit nur als eschatologische Kategorie zu fassen ist, so kann auch die Herrlichkeit Gottes, seine *kabod*, nicht unmittelbar mit der sinnlichen Präsentation des geordneten Kosmos identifiziert werden[18], sondern nur im Modus ihrer biblisch bezeugten, eschatologischen Wiederkehr[19]. Entgegen dem neureligiösen, ästhetizistischen Ideal der Ganzheitlichkeit ist das Leben im Anschluß an das Neue Testament als ein Fragment zu begreifen, das wohl auf eine höhere Vollendung verweist, die aber von uns selbst nicht zu leisten ist und die nicht unsere Selbstvervollkommnung, sondern die vollkommene Gemeinschaft aller zum Ziel hat, in welcher keiner ohne den anderen ist und Gott alles in allem und deren gleichnishafter Ausdruck das Bild vom Reiche Gottes ist.[20] Weil der Geist Gottes der Geist des Gekreuzigten ist, zeigt sich das Wirken dieses Geistes gerade dort, wo nicht eine harmonistische Weltsicht dominiert, sondern wo das vermeintlich Wertlose und Abstoßende wahrgenommen und geachtet wird, wo die Beschädigungen des Lebens erkannt und klagend vor Gott gebracht werden.

Hat eine theologische Ästhetik ihren Grund in der Christologie, so gehört auch die Religionskritik als theologische Kritik menschlicher Gottesbilder zu ihren elementaren Aufgaben.[21] In diesem Zusammenhang ist auch die systematisch-theologische Bedeutung des alttestamentlichen Bilderverbotes zu bedenken, zumal im Kontext einer multimedialen, von Medium des Bildes dominierten Gesellschaft.[22] Es sollte bedacht werden, daß sich die religiöse Dimension in der modernen Gesellschaft keineswegs auf die Kirchen oder andere verfaßte Religionsgemeinschaften beschränkt, sondern als »implizite Religion« auch in säkularem Gewand auftreten kann.[23] So sind auch die moder-

[18] Zu dieser Problematik siehe H.U. v. Balthasar, a.a.O. (Anm. 6), passim; *R. Hoeps*, Das Gefühl des Erhabenen und die Herrlichkeit Gottes. Studien zur Beziehung von philosophischer und theologischer Ästhetik, Würzburg 1989.

[19] Siehe dazu und zu den hamartiologischen Implikationen *Chr. Gestrich*, Die Wiederkehr des Glanzes in der Welt. Die christliche Lehre von der Sünde und ihrer Vergebung in gegenwärtiger Verantwortung, Tübingen 1989.

[20] Vgl. *D. Bonhoeffer*, Widerstand und Ergebung. Briefe und Aufzeichnungen aus der Haft, hg. v. E. Bethge, Neuausgabe München [3]1985, S. 241f.245f; *H. Luther*, Leben als Fragment. Der Mythos von der Ganzheit, WzM 43, 1991, S. 262-273.

[21] Vgl. dazu auch die Ästhetik Adornos! Siehe *Th.W. Adorno*, Ästhetische Theorie, Frankfurt a.M. 1992.

[22] Vgl. dazu auch *U. Körtner*, Der verborgene Gott. Zur Gotteslehre, Neukirchen-Vluyn 2000, S. 99-114.

[23] Zum Begriff der impliziten Religion bzw. der impliziten Religionen siehe *J. Waardenburg*, Religion und Religionen. Systematische Einführung in die Religionswissenschaft, Berlin/New York 1986, S. 234.

nen Bilderwelten in der Werbung und ihren Heilsversprechungen, im Film und vor allem im gesellschaftlichen Leitmedium, dem Fernsehen, religiös durchsetzt. Der Umgang mit ihnen hat, was wiederum gerade am Fernsehen zu studieren ist, rituellen, d.h. kultischen Charakter, der zwar nicht einfach als Religion, zumindest aber als funktionales Äquivalent von Religion interpretiert werden kann.[24] In diesem Kontext sollte die religionskritische Funktion einer bilderkritischen, negativen Theologie gesehen werden, welche die Unverfügbarkeit Gottes einschärft und deren bis zu Pseudo-Dionysios Areopagita zurückreichende Tradition dazu herausfordert, die zweifelhafte Macht der Bilder wie auch die Grenzen von Bilderverboten immer wieder neu zu bedenken.[25]

Im Gespräch mit der zeitgenössischen Kunst und ihrer Auseinandersetzung mit religiösen Themen ist freilich zu beachten, daß diese häufig selbst die Ambivalenz der Bilder zum Thema macht und auf die Tradition der negativen Theologie zurückgreift. Die zeitgenössische abstrakte Malerei verweist auf das Göttliche oder Heilige, indem sie es gerade *nicht* naturalistisch darstellt, sondern *ausspart*. Gerade die moderne Malerei verleiht so durch ihre Bildersprache einer *theologia negativa* künstlerischen Ausdruck, ohne sich freilich dieser Dimension immer bewußt zu sein oder eine derartige religiöse Aussage überhaupt intendieren zu müssen.[26]

Allerdings bleiben alle Bilder, auch abstrakte oder z.B. die Übermalungen Arnulf Rainers, theologisch betrachtet zweideutig. Sie können ein Hinweis auf die biblisch bezeugte Offenbarung Gottes sein, bleiben aber zumeist mehrdeutig. Sie sind angewiesen auf das deutende Wort. Dieses bleibt das entscheidende Medium der Gottesoffenbarung und menschlichen Gottesbegegnung. Freilich steht der Mensch in der permanenten Gefahr, sich Gottes nicht nur mit den Mitteln der bildenden Kunst, sondern auch denjenigen seiner Sprache bemächtigen zu wollen. Gerade diese Gefahr thematisiert die Tradition der negativen Theologie. Bedenkt man dies, so können Bilder dem Wort auch dadurch dienen, daß uns die von ihnen ausgehende ästhetische Erfahrung die Grenzen unserer Sprache buchstäblich vor Augen führt.

[24] Siehe dazu die umfangreiche Studie von *G. Thomas*, Medien – Ritual – Religion. Zur religiösen Funktion des Fernsehens (stw 1370), Frankfurt a.M. 1998.

[25] Vgl. dazu auch *W. Oelmüller*, Die Macht der Bilder und die Grenzen von Bilderverboten, Orientierung 62, 1998, S. 163-167.

[26] Vgl. *K. Lüthi*, Tendenzen zeitgenössischer Kunst – eine Kunst des Bilderverbotes?, in: *W.E. Müller/J. Heumann* (Hg.), Kunst-Positionen. Kunst als Thema gegenwärtiger evangelischer und katholischer Theologie, Stuttgart 1998, S. 56-68, bes. S. 66.

III. Ästhetik der Nachfolge

Eine theologische Ästhetik hat schließlich auch das Verhältnis des Ästhetischen zum Ethischen zu reflektieren. Ihre bereits angesprochene Unterscheidung bei Kierkegaard darf nicht als völlige Entgegensetzung gelesen werden, wie dies in der Wort-Gottes-Theologie des 20. Jahrhunderts weithin der Fall war. Vielmehr läßt sich im Anschluß an J.G. Hamann gerade kreuzestheologisch eine »Ästhetik der Nachfolge« begründen[27], die, wie der Begriff der Nachfolge besagt, die Dimension des Ethischen einschließt. Ethik und Ästhetik sind zwei Formen der Betrachtung von Lebensführung und Lebensformen, die nicht aufeinander rückführbar sind, sich aber durchaus aufeinander beziehen.

Der Zusammenhang von Sprachform und Lebensform, von Ästhetik der Schrift und Ästhetik der Nachfolge, des Ethischen und des Affektiven, läßt sich am Beispiel von II Kor 3f besonders gut verdeutlichen.[28] Die Briefe des Paulus gelten als die ältesten Dokumente des frühen Christentums. Anders als die späteren Evangelien hat Paulus kaum etwas von Jesus erzählt. Er verkündigt den Gekreuzigten, an den zu glauben allein vor dem künftigen Gericht Gottes rettet. Nicht das Leben und Wirken Jesu als solches, sondern dessen Bedeutsamkeit versucht Paulus darzustellen. Dabei besteht von Anfang an ein Zusammenhang zwischen dem verkündigten Wort vom Kreuz und der Schrift, und zwar auf doppelte Weise. Zum einen bezieht sich die paulinische Christusverkündigung auf die vorausliegenden heiligen Schriften Israels. Das mit dem Namen Jesu Christi verbundene Heilsereignis wird im Licht der Propheten und der Tora interpretiert, wie umgekehrt das Christusgeschehen als inneres Ziel der alttestamentlichen Verheißungen und Satzungen gedeutet wird. Das paulinische Wort vom Kreuz erscheint in Gestalt einer Exegese des Alten Testamentes. Es wird aber auch seinerseits zur Schrift in der Form der paulinischen Briefe, deren Abfassung nicht bloß aus dem zufälligen Umstand der vorübergehenden Abwesenheit des Paulus erklärt werden kann. Vielmehr müssen die Briefe als eigenständige Form der Kommunikation des paulinischen Evangeliums begriffen werden.[29]

[27] Vgl. dazu *O. Bayer/Chr. Knudsen*, Kreuz und Kritik. Johann Georg Hamanns Letztes Blatt (BHTh 66), Tübingen 1983, S. 100-114.

[28] Zum Folgenden siehe *U. Körtner*, Historischer Jesus – geschichtlicher Christus. Zum Ansatz einer rezeptionsästhetischen Christologie, in: *K. Huizing/U. Körtner/P. Müller*, Lesen und Leben. Drei Essays zur Grundlegung einer Lesetheologie, Bielefeld 1997, S. 99-135, hier S. 131ff.

[29] Vgl. *F. Vouga*, Der Brief als Form der apostolischen Autorität, in: *K. Berger/F. Vouga/M. Wolter/D. Zeller*, Studien und Texte zur Formgeschichte (TANZ 7), Tübingen 1992, S. 7-58; *ders.*, Apostolische Briefe als ›scriptura‹. Die Rezeption des Paulus in den katholischen Briefen, in: *H.H. Schmid/J. Mehlhausen*, Sola

Das wird nun gerade anhand von II Kor 3f ersichtlich. Für unseren Zusammenhang kann die Frage der literarischen Einheitlichkeit des II Kor vernachlässigt werden.[30] Manches spricht dafür, daß II Kor in seiner heute vorliegenden Endgestalt in Wirklichkeit eine Sammlung von Paulusbriefen bzw. Fragmenten ist. Doch gehen die Meinungen über die literarkritischen Abgrenzungen der einzelnen Fragmente und ihrer Zuweisung auseinander. Für uns ist lediglich von Bedeutung, daß II Kor 3f zu einer von 2,14 bis 7,4 reichenden, in sich allerdings auch nicht ganz einheitlichen, ursprünglich offenbar selbständigen Abhandlung über das apostolische Amt gehört.

Welche Bedeutung die Abfassung seiner Briefe für die Theologie des Paulus hat, läßt sich unter anderem daran ersehen, daß er die Christinnen und Christen in Korinth in II Kor 3,2f mit einem Empfehlungsschreiben für den Apostel selbst vergleicht[31]; mehr noch: sie sind ein Brief Christi: »Ihr seid unser Empfehlungsschreiben, das in unser Herz eingeschrieben ist und von allen Menschen verstanden und gelesen werden kann. Denn es ist offenbar, daß ihr ein von uns besorgter Brief Christi seid, nicht mit Tinte geschrieben, sondern mit dem Geist des lebendigen Gottes, nicht auf steinerne Tafeln, sondern auf Tafeln, die menschliche Herzen sind.« Das Christenleben der Korinther wird also als ein Text gedeutet, dessen Autor letztlich Christus selbst ist. Dieser lebendige Brief kontrastiert die steinernen Tafeln des mosaischen Gesetzes, wobei der in II Kor 3,4ff entfaltete Gegensatz von Geist und Buchstabe nicht etwa mit dem (neu)platonischen von Mündlichkeit und Schriftlichkeit, sondern mit demjenigen von altem und neuem Bund bzw. von Evangelium und Gesetz übereinstimmt. Zugleich wird aber der Bezug zwischen Christus und dem alten Bund bzw. den alttestamentlichen Schriften hergestellt. In Christus, so Paulus in II Kor 3,14, wird die Decke abgetan, welche sonst über dem Alten Testament liegt, »wenn daraus vorgelesen wird« bzw. »wenn Mose vorgelesen wird« (II Kor 3,15). Erst von Christus her erschließt sich also der wahre Sinn der alttestamentlichen Schriften. Genauer gesagt liegt die Decke nicht über den Schriften des Alten Bundes selbst, sondern auf den Herzen der Israeliten. Die Christen aber »schauen mit unverhülltem Antlitz die Herrlichkeit des Herrn im Spiegel und werden so in dasselbe Bild [des Herrn] verwandelt von einer Herrlichkeit zur anderen, wie es vom Herrn des Geistes her geschieht« (II Kor 3,18).

scriptura. Das reformatorische Schriftprinzip in der säkularen Welt, Gütersloh 1991, S. 194-210.

[30] Siehe dazu die einschlägigen Kommentare und Einleitungen, z.B. *Ph. Vielhauer*, Geschichte der urchristlichen Literatur, Nachdruck Berlin/New York 1978, S. 150ff.

[31] Das neutestamentliche Beispiel eines solchen Empfehlungsschreibens ist der Brief des Paulus an Philemon.

Wie die Schriften des Alten Bundes, so ist nun aber auch das Evangelium, welches dessen wahren Sinn enthüllt, denen verdeckt, »denen der Gott dieser Weltzeit den Erkenntnissinn verblendet hat, daß sie nicht schauen das Leuchten des Evangeliums von der Herrlichkeit Christi, der das Abbild Gottes ist. Denn nicht uns selbst verkündigen wir, sondern Christus Jesus als den Herrn, uns selbst aber als eure Sklaven um Jesu willen. Denn Gott, der gesagt hat: ›Aus Finsternis soll Licht leuchten‹, der ist aufgeleuchtet in unseren Herzen, so daß hell wurde die Erkenntnis der Herrlichkeit Gottes auf dem Antlitz Christi« (II Kor 4,4-6).

So schließt sich also der hermeneutische Zirkel zwischen den Texten des Alten Bundes, dem Evangelium von Jesus Christus, das seinerseits zur Schrift wird, und dem Christenleben derer, die zum Glauben an ihn finden: Das Evangelium von Jesus Christus erschließt den letztgültigen Sinn der alttestamentlichen Texte, indem es das Bild Christi vor Augen malt. Das Antlitz Christi aber ist das Abbild des Gottes Israels, von welchem die alttestamentlichen Schriften erzählen und den sie preisen. Die Herrlichkeit dieses Gottes erstrahlt auf dem Antlitz des Gekreuzigten. Der Glaube, welcher von der Herrlichkeit Gottes affiziert wird, ist also nicht allein ein kognitiver, sondern auch ein affektiver Vorgang, der schließlich die gesamte Lebensführung der solchermaßen Angerührten, Angesprochenen und Ergriffenen erfaßt. Wer auf dem Antlitz des im Wort des Evangeliums portraitierten Christus die Herrlichkeit Gottes aufscheinen sieht, wird selbst in dieses Bild verwandelt, ihm eingezeichnet. Der Sinn des mündlich verkündigten, aber auch zur Schrift gewordenen Evangeliums vollendet sich also zuletzt in den geschichtlichen Entscheidungen, die Menschen in ihrer Lebenswelt treffen. Der Akt des Hörens bzw. des Lesens vollendet sich im Vollzug des Lebens. Wie das literarische Portrait Christi die Mimesis seiner Wirklichkeit ist, so wird umgekehrt das Leben aus Glauben zur Mimesis Christi. Daher fordert Paulus die Korinther in I Kor 11,1 auf, seinem Vorbild zu folgen, wie er dem Vorbild Christi. Doch handelt es sich bei dieser Aufforderung nicht um einen moralischen Appell, sondern um die Werbung, sich vom Bild Christi affizieren zu lassen.

An dieser Stelle möchte ich auf die Überlegungen Paul Ricoeurs zur biblischen Hermeneutik zurückkommen. Beachtet man nämlich die zwischen den alttestamentlichen und den neutestamentlichen Schriften waltende Intertextualität, so bilden die paulinische Rede vom Bild Christi und die zeitlich späteren narrativen Jesusdarstellungen der Evangelien keine echte Alternative. Wie das Wort »Gott« hat auch der Name »Christus« nicht die Funktion eines philosophischen Begriffs, der eine Idee zum Ausdruck bringt, sondern der Einheit stiftende Punkt der verschiedenen Gottesreden in der vielstimmigen biblischen Überlieferung und zugleich das Maß ihrer Unvollkommenheit. Das

Wort »Gott« »setzt den durch das ganze Kraftfeld der Berichte, der Prophetien, der Gesetzestexte, der Hymnen usw. gebildeten umfassenden Kontext voraus. Das Wort Gott zu verstehen heißt, dem Richtungspfeil seines Sinnes zu folgen«, wobei mit Ricoeur unter dem Richtungspfeil seines Sinnes »seine zweifache Fähigkeit, alle aus den Einzelreden hervorgegangenen Bedeutungen zu vereinen und einen Horizont zu eröffnen, der sich dem Abschluß der Rede entzieht«, zu verstehen ist.[32] Der Name Christi aber fügt der doppelten Funktion des Wortes Gott »das Vermögen hinzu, alle religiösen Bedeutungen in einem Grundsymbol zu inkarnieren: im Symbol der sich opfernden Liebe, der Liebe, die stärker ist als der Tod. Die Predigt des Kreuzes und der Auferstehung vermag dem Wort Gott eine *Dichte* zu geben, die das Wort Sein nicht in sich schließt.«[33]

Daraus folgt nun aber nicht, daß alle biblische Gottesrede in ein einziges Symbol aufzuheben bzw. auf einen einzigen Begriff zu bringen wäre. Vielmehr verlangt die Dichte, welche das Wort »Gott« im Wort vom Kreuz erlangt, daß dieses narrativ aufgelöst wird. Das gilt analog von der Metapher des Bildes Christi. In einer Meditation über die Falten im Antlitz seiner Frau schreibt Theodor Bovet: »Des Menschen Gesicht enthält in Kurzschrift seine ganze Biographie.«[34] Und Gleiches trifft auf das Antlitz Christi zu, welches uns im Evangelium als dem Wort vom Kreuz entgegentritt. Das Antlitz Christi, von welchem Paulus in II Kor 4 spricht, ist im Sinne seiner Theologie kein anderes als das Antlitz des Gekreuzigten. Es ist der Gekreuzigte, den Paulus nach Gal 3,1 seinen Mitchristen vor Augen gestellt hat. Auf seinem Antlitz scheint die Herrlichkeit Gottes auf. Wer also den Sinn des biblischen Wortes »Gott« erfassen will, der muß die Biographie erzählen, welche in Kurzschrift in den vom Schmerz verzerrten Gesichtszügen des gekreuzigten Christus enthalten ist.

Auf dem Antlitz des Gekreuzigten scheint die Herrlichkeit des Schöpfers auf. Es ist nicht das naturalistische Portrait Jesu von Nazareth, sondern das vom Licht der Auferweckung erleuchtete Gesicht Christi, welches dem Glauben vor Augen steht. Der Glaube betrachtet den Gekreuzigten mit anderen, erleuchteten Augen. Es ist der *auferweckte* Gekreuzigte, dessen Bild die Glaubenden gleichgestaltet werden sollen. Wer vom Leben und Sterben Christi erzählen will, kann dies nur im Licht seiner Auferweckung tun, weil so die wahre Bedeutung dieses Lebens und dieses Todes zum Vorschein kommt. Eben darum hat die Fiktionalität als Element biblischer Jesuserzählungen ihr gutes

32 *P. Ricoeur*, Philosophische und theologische Hermeneutik, in: *ders./E. Jüngel*, Metapher. Zur Hermeneutik religiöser Sprache, München 1974, S. 24-45, hier S. 42.

33 Ebd.

34 *Th. Bovet*, Die Ehe, Tübingen ^{3}1972, S. 139.

Recht. Was der Glaube sieht, übersteigt das, was vor aller Augen liegt. Es ist demnach auch nicht möglich, Realität und Fiktionalität in der neutestamentlichen Jesusüberlieferung strikt zu trennen. Nicht einzelne Züge des Lebens und der Person Jesu, sondern dessen gesamtes Wirken und Sterben erscheint dem Glauben in einem neuen Licht, welches das Licht der neuen Schöpfung ist. Wie das Leben und die Person Jesu von Nazareth erscheint auch das Leben der Glaubenden in diesem neuen Licht. Darum kann Paulus in II Kor 5,17f sagen, er kenne nun niemand mehr nach der Weise des Fleisches; »ja selbst wenn wir Christus nach der Weise des Fleisches erkannt haben, so kennen wir ihn jetzt nicht mehr so. Also, wenn jemand in Christus ist, so ist er eine neue Schöpfung. Das Alte ist vergangen, siehe, Neues ist geworden.« So ist das Bild Christi, das den Glaubenden vor Augen steht, alles andere als eine bloße Erfindung, eine religiöse Illusion, sondern erfundene Wahrheit, die sich den Glaubenden einbildet und einprägt, so daß sie ihr eigenes Leben verwandelt und wahr macht.

Man mißversteht Paulus, wenn man aus seinen zitierten Worten den Schluß zieht, die Person des irdischen Jesus sei für ihn a priori bedeutungslos gewesen. Auch wenn das Wirken und selbst die Lehre des irdischen Jesus in den paulinischen Briefen expressis verbis eine untergeordnete Rolle spielen, enthält das Wort vom Kreuz auch in seiner paulinischen Fassung weit mehr als das bloße geschichtliche Notabene vom Daß des Gekommenseins bzw. vom Daß des Gestorbenseins. Nicht der bloße Tod Christi als solcher, sondern die Art seines Todes, nämlich sein Tod *am Kreuz*, ist im Sinne des christlichen Glaubens *sprechend*, genauer gesagt *Heil zusprechend*. Dies aber ist andererseits nur darum der Fall, weil es *dieser* Mensch ist, der da am Holze hängt, und der von Paulus als der Sohn Gottes bezeichnet wird. Wie das Bild des gekreuzigten Gottessohnes so enthält darum auch das paulinische Evangelium in Kurzschrift seine ganze Biographie.

Dieser Zusammenhang ist vor allem von M. Kähler und P. Tillich aufgezeigt worden, und zwar viel deutlicher als in Bultmanns Konzept der existentialen Interpretation.[35] Beachtet man die ästhetische Qualität der biblischen Texte, so ist es die erste Aufgabe der Hermeneutik »nicht, eine Entscheidung des Lesers hervorzurufen, sondern die Seinswelt sich entfalten zu lassen, die die ›Sache‹ des biblischen Textes ist«[36]. Und dementsprechend ist es die Aufgabe der Interpretation der neutestamentlichen Christusverkündigung nicht, unmittelbar zur Entscheidung für oder gegen Christus aufzufordern, sondern den Gekreuzigten vor Augen zu stellen, damit er selbst seine Wirkung entfalte. Dann kommt es – ubi et quando visum es Deo – nicht zur Ent-

[35] Zur Christologie Kählers und Tillichs siehe U. Körtner, a.a.O. (Anm. 28), S. 108ff.

[36] P. Ricoeur, a.a.O. (Anm. 32), S. 40.

scheidung im Sinne Bultmanns, zum neukantianisch formalistischen Ruf in die Eigentlichkeit menschlicher Existenz, sondern zur »Einbildung«, indem die biblischen Texte zuerst zu unserer Einbildung sprechen, indem sie ihr Bilder unserer Befreiung vorsetzen.[37] Alle Bilder unserer Befreiung aber verdichten sich im Bild des Gekreuzigten und Auferweckten. Und so nimmt es nicht wunder, daß Paulus seine Überlegungen in II Kor 3,18ff zum Anblick der Herrlichkeit Gottes auf dem Antlitz Christi mit den Worten einleitet: »Der Herr ist der Geist; wo aber der Geist des Herrn ist, da ist Freiheit« (II Kor 3,17).

IV. Wahrnehmen und Verstehen

Mit dem Stichwort der Nachfolge ist nun auf den Umstand hingewiesen, daß das Wort des Glaubens nicht nur Verstehen, sondern Antwort erheischt. Selig sind nach der Bergpredigt diejenigen, welche die Rede Jesu hören und *tun*[38], d.h. ihr entsprechend leben und handeln. Die Antwort des Glaubens besteht nicht im Ja-Ja-Sagen und nicht im Herr-Herr-Rufen[39], nicht in bloßen Lippenbekenntnissen – so gewiß der selig und gerettet wird, der mit dem Munde bekennt und mit dem Herzen glaubt[40] –, sondern in einer diesem Bekenntnis entsprechenden Lebensführung. So sollen die Christinnen und Christen Täter des göttlichen Wortes und nicht Hörer allein sein, was einem Selbstbetrug gleichkäme.[41] Auch diese Erkenntnis gehört zu einer theologischen Ästhetik: »Denn wenn jemand ein Hörer des Wortes ist und nicht ein Täter, der gleicht einem Mann, der sein leibliches Angesicht im Spiegel beschaut; denn nachdem er sich beschaut hat, geht er davon und vergißt von Stund an, wie er aussah« (Jak 5,23f). Ohne das Handeln aus Glauben ist dieser keine neue Weise der Selbsterkenntnis, sondern der Selbstvergessenheit.

Wohl ist die Gnade, welche dem sündigen Menschen durch das Wort der Vergebung zugesprochen wird, bedingungslos und gilt unbedingt. Aber sie ist, mit D. Bonhoeffer gesprochen, teure und nicht billige Gnade.[42] Der Glaube allein rechtfertigt den Gottlosen, *unabhängig* von den Werken des Gesetzes, wie man Röm 3,28 wohl besser übersetzt[43], jedenfalls nicht in dem Sinne ohne Werke, daß er folgenlos bliebe.

[37] Vgl. P. Ricoeur, a.a.O. (Anm. 32), S. 44f.
[38] Mt 7,24.
[39] Mt 7,21ff.
[40] Röm 10,10.
[41] Jak 5,22.
[42] Vgl. *D. Bonhoeffer*, Ethik, hg. v. I. Tödt u.a. (DBW 6), Gütersloh [2]1998 S. 141f.
[43] So übersetzt die Einheitsübersetzung, Stuttgart 1979.

Eine theologische Ästhetik, verstanden als umfassende Theorie der Wahrnehmung, schließt eine ethische Theorie der Wahrnehmung ein.[44] Der Begriff der Wahrnehmung ist ethisch in seinem doppelten Wortsinn zu bedenken: Nur wenn einzelne sich entschließen, moralische Verantwortung zu *über*nehmen, wird diese überhaupt als zu realisierende Möglichkeit neu entdeckt und *wahr*genommen. Die Wahrnehmung von Verantwortung im Sinne ihrer Übernahme setzt ihre Wahrnehmung im Sinne ihres Erkennens voraus.[45] Beispielhaft läßt sich dieser Zusammenhang am Gleichnis Jesu vom barmherzigen Samariter erkennen (Lk 10,25-37). Die Moral, die Jesus aus der Beispielgeschichte zieht: »Gehe hin und tue desgleichen!« (V.37), ist als Anleitung zu einer entsprechenden Aufmerksamkeit und somit Schulung der ethischen Wahrnehmungsfähigkeit zu verstehen. Auch auf ethischem Gebiet ist der Zusammenhang von *Wahrnehmen und Verstehen* evident. Die Frage des Schriftgelehrten in Lk 10, wer denn sein Nächster sei, zeigt daß jede sogenannte angewandte Ethik auf *hermeneutische* Kompetenz angewiesen ist.[46] Sowohl dogmatisch als auch ethisch besteht also ein unmittelbarer Zusammenhang zwischen Ästhetik und Hermeneutik.[47]

Eine Theorie ethischer Wahrnehmung zeigt nun aber, daß und weshalb der Verantwortungsbegriff als solcher kein hinreichendes Prinzip der Ethik sein kann. Eine Verantwortungsethik hat außer- oder transmoralische Voraussetzungen, die man in gewisser Hinsicht als ästhetisch bezeichnen kann. Ästhetik, verstanden als Theorie der Wahrnehmungs- und Urteilsfähigkeit, schließt den leiblichen und affektiven Bereich des Menschseins ein. Ohne eine der Wahrnehmung entsprechende Motivation, für die Begriffe wie Liebe, Mitleid, Wohlwollen oder Barmherzigkeit stehen, gibt es kein moralisches bzw. moralfähiges, d.h. einer nachträglichen moralischen Beurteilung standhaltendes Handeln. Umgekehrt gilt freilich, daß auch Liebe, Mitleid oder Wohlwollen allein kein hinreichendes Kriterium für die Sittlichkeit des Handelns sind. Denn der Wille, Gutes zu tun, sagt noch nicht, was in einer konkreten Situation das für alle Beteiligten Gute tatsächlich ist.

[44] Vgl. dazu *U. Körtner*, Evangelische Sozialethik. Grundlagen und Themenfelder (UTB 2107), Göttingen 1999, S. 76f.

[45] Vgl. dazu auch *J. Fischer*, Wahrnehmung als Aufgabe und Proprium christlicher Ethik, in: *ders.*, Glaube als Erkenntnis. Zum Wahrnehmungscharakter des christlichen Glaubens, München 1989, S. 91-118, sowie *B. Harbeck-Pingel*, Ethische Wahrnehmung. Eine systematisch-theologische Skizze (Beiträge zur Theologie und Religionsphilosophie 2), Aachen 1998, der allerdings Ethik zu einseitig als Theorie der Lebensführung bestimmt.

[46] Zur hermeneutischen Grundlegung angewandter Ethik siehe auch *B. Irrgang*, Praktische Ethik aus hermeneutischer Perspektive (UTB 2020), Paderborn 1998.

[47] Zum Zusammenhang von Ethik und Ästhetik vgl. auch *G. Franck*, Ökonomie der Aufmerksamkeit. Ein Entwurf, München 1998, S. 213-251.

Man kann aus Mitleid das Falsche tun oder sich sogar zu unmoralischen Handlungsweisen verleiten lassen.
Neben der Frage nach den außermoralischen Motivationen steht aber im Zentrum einer ethischen Erkenntnis- oder Wahrnehmungstheorie die Frage nach dem moralischen Subjekt. Verantwortung erkennen und übernehmen kann nur der, welcher sich zur Verantwortung gerufen und so als ethisches Subjekt begründet weiß. Genau darin aber besteht der ethische Sinn der paulinischen bzw. reformatorischen Rechtfertigungslehre. Sie handelt davon, wie der Mensch von Schuld befreit und so als verantwortungsfähiges Subjekt neu konstituiert wird. Die Antwort des Glaubens besteht in der Selbstannahme, welche die bedingungslose Annahme durch Gott zum Grund hat und ihr zu entsprechen sucht. Der Glaube ist, mit Tillich gesprochen, der Mut sich zu bejahen als bejaht.[48]
Kurz gesagt besteht die Antwort des Glaubens im Leben aus Glauben, im Handeln ebenso wie im Gebet, aber auch im Erdulden und Erleiden.[49] Wie Rezeptivität unaufhebbar zum geschöpflichen Leben gehört, das im Glauben erneuert wird, so ist auch das Leben aus Glauben in einem fundamentalen Sinne *vita passiva*, selbst in allem Tätigsein.[50] Denn der Glaube lebt auch in seinem Tun ganz vom dem, was er empfängt. Zusammengefaßt besteht die Antwort des Glaubens darum in der *Dankbarkeit*[51], die aus freien Stücken die erfahrene Liebe Gottes erwidern und weitergeben will.
Die Rezeptivität des Glaubens aber führt in eine fundamentalen Spannung zwischen Widerstand und Ergebung, die D. Bonhoeffer folgendermaßen beschrieben hat: »Ich habe mir hier [in der Gestapo-Haft] oft Gedanken darüber gemacht, wo die Grenzen zwischen dem notwendigen Widerstand gegen das ›Schicksal‹ und der ebenso notwendigen Ergebung liegen. [...] Ich glaube, wir müssen das Große und Eigene wirklich unternehmen und doch zugleich das Selbstverständlich- und Allgemein-Notwendige tun, wir müssen dem ›Schicksal‹ – ich finde das ›Neutrum‹ dieses Begriffes wichtig – ebenso entschlossen entgegentreten wie uns ihm zu gegebener Zeit unterwerfen. Von ›Führung‹ kann man erst *jenseits* dieses zwiefachen Vorgangs sprechen, Gott begegnet uns nicht nur als Du, sondern auch ›vermummt‹ im ›Es‹, und in meiner Frage geht es also im Grunde darum, wie wir in diesem ›Es‹ (›Schicksal‹) das ›Du‹ finden, oder mit andern Worten,

48 Vgl. *P. Tillich*, Der Mut zum Sein, Stuttgart ^{3}1958, S. 113ff. Siehe auch *K. Rahner*, Glaube als Mut, Zürich/Einsiedeln/Köln 1976.
49 Vgl. dazu *W. Dantine*, Hoffen – Handeln – Leiden. Christliche Lebensperspektiven, Wien/Göttingen 1976; *U. Körtner*, Weltangst und Weltende. Eine theologische Interpretation der Apokalyptik, Göttingen 1988, S. 390ff.
50 Vgl. *O. Bayer*, Theologie (HST 1), Gütersloh 1994, S. 42ff (im Anschluß an Luther). Siehe auch U. Körtner, a.a.O. (Anm. 14), S. 83-94.
51 Vgl. Teil III des Heidelberger Katechismus: »Von der Dankbarkeit«.

wie aus dem ›Schicksal‹ wirklich ›Führung‹ wird. Die Grenzen zwischen Widerstand und Ergebung sind also prinzipiell nicht zu bestimmen; aber es muß beides da sein und beides mit Entschlossenheit ergriffen werden. Der Glaube fordert dieses bewegliche lebendige Handeln. Nur so können wir die jeweilige gegenwärtige Situation durchhalten und fruchtbar machen.«[52]
Ein derart geführtes Leben trägt den Charakter eines *Lebenszeugnisses*, das der Anrede durch das Wort des Glaubens zu entsprechen sucht und wiederum anderen Menschen zur Anrede durch Gott werden kann. Daß dies geschieht, liegt freilich nicht in der Macht des Zeugen, sondern bei Gott allein.

V. Zu diesem Buch

Die erste Tagung der Rudolf-Bultmann-Gesellschaft für hermeneutische Theologie hatte sich 1999 kritisch mit der gegenwärtigen Stellung der Hermeneutik innerhalb der Theologie und der Geisteswissenschaften befaßt. Diskutiert wurde, inwieweit Hermeneutik und poststrukturalistische Interpretationstheorien sich wechselseitig ergänzen oder aber ausschließen und welche Konsequenzen sich aus dieser Debatte für die künftige Bultmann-Rezeption ergeben.[53] Diese Diskussion verlangt nach einer Fortsetzung, stellt sich doch die Frage, wie sich die theologische Kategorie des Wortes Gottes im Kontext der multimedialen Gesellschaft und der Debatte über eine ihr angemessene ästhetische Theorie neu bestimmen läßt.
Zu klären ist, wie sich theologisch betrachtet Wort und Zeichen zueinander verhalten, welche Entwicklungen auf dem Gebiet der Exegese stattfinden und welchen Einfluß neue Medien und Kommunikationsformen auf die christliche Verkündigung und ihre Inhalte haben. Hierbei stellt sich nicht zuletzt das Problem, wie innerhalb einer theologischen Theorie des Ästhetischen die Frage nach der Geltung und Verbindlichkeit christlicher Glaubensaussagen formuliert und beantwortet werden kann. Dieser Herausforderung stellen sich die Beiträge des vorliegenden Bandes.
Bultmann hat den Glauben interpretiert als spezifische Weise, sich selbst zu verstehen. Die damit gestellte Aufgabe wurde unter dem Einfluß H.-G. Gadamers später dahin interpretiert, daß es nicht allein um das Verstehen *von* Sprache, d.h. der Sprache des Glaubens, sondern mehr noch um das Verstehen *durch* Sprache gehe. Die Herausforderungen des multimedialen Zeitalters an die philosophische Hermeneu-

[52] D. Bonhoeffer, a.a.O. (Anm. 20), S. 244.
[53] Vgl. *U. Körtner* (Hg.), Glauben und Verstehen. Perspektiven hermeneutischer Theologie, Neukirchen-Vluyn 2000.

tik untersucht der Philosoph *Hans-Helmuth Gander*. In seinem Beitrag legt er die ontologischen Implikationen lebensweltlich bekannter Situationen frei und analysiert die eigentümliche, im Kontext multimedialer Vernetzungen verschärft hervortretende dialektische Beziehung, in der unser Wirklichkeits- und Selbstverständnis sich wechselseitig bedingen und ausprägen. Als entscheidendes Strukturmerkmal arbeitet Gander heraus, daß die in Form der medialen Wirklichkeitserfahrung sich erschließende Welt ihrem ontologischen Status wie ihrem Wahrheitswert nach als Interpretation zu charakterisieren ist, die ihre Aktualisierung einzig in und als Situation findet. Es legt sich daher nahe, auf Nietzsches Bestimmung der Welt als Intepretation einzugehen. Jenseits des klassischen Subjekt-Objekt-Schemas stellt sich freilich in neuer Dringlichkeit die Frage nach der Konstitution des Selbst. In diesem Zusammenhang gewinnt Heideggers Ontologie der Faktizität, die er in seinem Frühwerk umrissen hat, überraschende Aktualität. Unter den Bedingungen einer in der philosophischen Debatte weithin wirksam gewordenen Dekonstruktion des traditionellen Subjektbegriffs erörtert Gander unter Rückgriff auf Heidegger die Frage, wie sich unter den Bedingungen medial inszenierter Wirklichkeitserfahrung die Selbstverständigung des Menschen ontologisch bestimmen läßt.

Exegetisch gewendet lautet die Frage, wie ontologisch das Konstitutionsverhältnis von Leser und Text zu beschreiben ist. Die exegetische Diskussion hat in den letzten Jahrzehnten wichtige Impulse von der allgemeinen Literaturwissenschaft empfangen. Es sind vor allem die unterschiedlichen Ansätze einer sogenannten Rezeptionsästhetik oder auch des »literary criticism« in der angelsächsischen Forschung, welche nicht nur die konstitutive Bedeutung der Form eines Textes, sondern auch die Rolle des Lesers, der Leserin beim Zustandekommen von Textsinn herausstellen. Es stellt sich die Frage, inwieweit die Diskussion über rezeptionsorientierte Texttheorien und literarische Hermeneutik zu Fragestellungen der klassischen kontinentaleuropäischen Formgeschichte, zu deren Mitbegründern Bultmann zählt, zurückführt bzw. mit dieser kompatibel ist. Eine Antwort wird dadurch erschwert, daß sich hermeneutische und post- bzw. antihermeneutische Theorieansätze gegenüberstehen, wobei der »new (literary) criticism«, der zeitgleich zur formgeschichtlichen Methode aufkam keine einheitliche Größe darstellt. Der Alttestamentler *James A. Loader* führt in die komplexe angelsächsische Debatte ein und diskutiert kritisch neuere Tendenzen auf dem Gebiet des »new literary criticism«. Sein Augenmerk gilt nicht nur den literaturwissenschaftlichen, sondern auch den systematisch-theologischen Impulsen in der angelsächsische Exegese, wobei Loader auch auf die niederländische Tradition der »ethischen Theologie« eingeht. Loader gelangt zu dem Ergebnis, daß die hermeneutische Frage durch rezeptionsästhetische oder leserorientierte Texttheorien keineswegs erledigt wird. Will der Leser, die Leserin ein christliches Verständnis der biblischen Texte gewinnen, ist die Rückbindung an die Tradition und ihre Quelle, d.h. aber der Rekurs auf die dem Text zugrunde liegende Erfahrung und Geschichte unvermeidlich. Daher ist die Alternative zwischen »historisch« und »nicht-historisch« bzw. zwischen »diachron« und »synchron« gedachten Konzepten der Exegese nochmals zu problematisieren.

Was Sinn und Bedeutung einer »Theologie des Wortes« im multimedialen Zeitalter sind, erörtert der Systematiker *Matthias Petzoldt*. Im Rückgriff auf die Konzeption G. Ebelings und in der Auseinandersetzung mit der an ihr geübten Kritik leistet er zugleich einen Beitrag zur inhaltlichen Bestimmung des Begriffes einer Hermeneutischen Theologie. Die ältere Kritik an ihrer mangelhaften sprachanalytischen Fundierung bei Ebeling wird inzwischen durch die postmoderne Verabschiedung einer Orientierung der Theologie an der Kategorie des Wortes überhaupt überboten. Aber auch eine als Lesetheologie konzipierte hermeneutische Theologie steht zu Ebelings theologischer Hermeneutik des Wortgeschehens in deutlicher Spannung. Fundamentaltheologische Ansätze, welche den Ursprung der Theologie im Lesen suchen, bleiben allerdings unzureichend, solange nicht nur die Komplementarität von Literalität und Oralität im Christentum, sondern auch die mediale Wende vom Buch zu den elektronischen Massenmedien unterbelichtet bleiben. Diesem Mangel schafft Petzoldt Abhilfe, wobei er die Kompatibilität der neuen Leitmedien mit dem Medium Sprache herausarbeitet und jeglicher kulturgeschichtlichen Verfallstheorie eine Absage erteilt. Nach Petzoldt treten die neuen Medien nämlich an die Seite und nicht etwa an die Stelle der alten. Die Sprache aber bleibt vornehmlich als Gesprochene das elementare Medium zwischenmenschlicher Begegnung. Nach Petzoldt ist Ebelings Konzeption einer Theologie des Wortgeschehens daher durchaus erweiterungsfähig und enthält ein hermeneutisches Potential, das sich auch im Zeitalter der neuen Medien fruchtbar machen läßt.

Von semiotischer, genauer gesagt von poststrukturalistischer Seite nähert sich der Praktische Theologe *Bernd Beuscher* der Kategorie des Wortes. Seine Ausführungen zur Sprachlichkeit des Evangeliums, das durch das Nadelöhr der Medien gehen muß, setzen voraus, daß »Sprachanschauungen« zugleich »Weltanschauungen« sind. Hermeneutische Sprachtheorien auf der einen, semiotische Sprachtheorien auf der anderen Seite repräsentieren eine Bandbreite die von engen zu weiten und differenzierten Sprachauffassungen reicht. Beuscher geht es darum, *anhand* der Sprache fundamentale und zugleich verstörende Fragen theologischer Wissenschaft paradigmatisch *zur* Sprache zu bringen. Nach Beuscher kann die Kategorie des Wortes keine fundamentaltheologische Letztbegründungsinstanz sein, weil es schöpfungsmäßig keine Sprache über den Sprachen gibt. Gottesrede, mithin auch Theologie, ist deshalb nicht schon daran als solche erkennbar, das die einmal ergangene, biblisch bezeugte Gottesrede wörtlich wiederholt wird. Beuscher favorisiert einen dezentralen Dekonstruktivismus, der die Notwendigkeit von De- bzw. Rekonstruktionsprozessen selbst noch für die Kategorie der Subjektivität veranschlagt, und sei es diejenige einer Selbstvorstellung Gottes in seinem biblischen Namen, dem JHWH-Tetragramm. Theologie pflegt nach Beuscher den Umgang mit theo-logischer Sprach(ver)störung. Wiewohl das Wort Gottes immer Fremd-Sprache (langage) bleibt, weil sich Gott stets dem menschlichen Zugriff entzieht und der Ganz Andere ist, hat Theologie dafür Sorge zu tragen, daß es nicht zur Fremdsprache (parole/langue) wird. Dazu aber ist es notwendig, den Leerstellen, dem verstörend anderen und Sperrigen Raum zu geben. Die Lücke ist nach Beuscher der Ort, wo Sinn zünden und Gott in unsere Wirklichkeit eintreten kann.

Zwischen hermeneutischen und poststrukturalistischen Versuchen, die Aufgabe einer Theologie des Wortes im multimedialen Zeitalter neu zu bestimmen, öffnet sich ein weites Feld theoretischer Möglichkeiten. Die zwischen ihnen herrschenden Spannungen und teilweise vorhandenen Gegensätze sollen nicht verschwiegen werden. Sie werden auch im vorliegenden Band deutlich. Zugleich aber zeigen die nachfolgenden Beiträge, daß wir uns vor falschen Alternativen zu hüten haben.

Hans-Helmuth Gander

Interpretation – Situation – Vernetzung
Hermeneutische Überlegungen zum Selbst- und Weltbezug im multimedialen Zeitalter

Im folgenden gilt es, einige Überlegungen zum interpretativen Selbst- qua Weltbezug anzustellen, die sich im Zeichen multimedialer Wirklichkeitswahrnehmungen deskriptiv aus einer *ontologisch* intendierten Charakteristik lebensweltlich bekannter Situationen ergeben. Die These, die es dabei zu erproben gilt, bezieht ihren Ausgangspunkt durch die hermeneutische Feststellung einer eigentümlich dialektischen Beziehung, in der unser Wirklichkeits- und Selbstverständnis sich wechselseitig formatierend ausprägt und die im Blick auf die multimediale Vernetzung verschärft hervortritt.

Um diesen Sachverhalt näher zu klären, gliedern sich die nachfolgenden Ausführungen in drei Gedankenschritte. In einem *ersten Schritt* wird die angesprochene mediale Vernetzung hinsichtlich ihrer Relevanz für unsere Wirklichkeits- und Selbstauffassung in einigen Punkten problematisiert. Diese Problematisierung will im engeren Sinne keine medientheoretische Differenzialanalyse mit entsprechender Tiefenschärfe bieten, eher schon eine Oberflächenschraffur, die hermeneutisch als Skizze die hier im Zentrum stehende ontologische Frage zu exponieren hilft, wie sich im multimedialen Zeitalter die Verfaßtheit des interpretativen Selbst- und Weltbezuges ausnimmt. Dabei werden sich als entscheidende Strukturmomente herauskristallisieren, daß die in Form der medialen Wirklichkeitserfahrung sich erschließende Welt ihrem ontologischen Status wie Wahrheitswert nach als *Interpretation* zu kennzeichnen ist, die ihre Aktualisierung einzig in und als *Situation* hat. Aus diesem hermeneutisch festgestellten Grundverhalt heraus stellt sich die Frage nach dem Welt- als Selbstbezug nicht mehr in den klassischen Subjekt-Objekt-Schemata. Wie aber konstituiert sich, wenn Welt ihrem ontologischen Status nach als Interpretation zu fassen ist, das Selbst in Situationen? Dieser Frage wird in einem *zweiten und dritten Schritt* nachgegangen, indem zunächst Nietzsches Bestimmung der Welt als Interpretation in entscheidenden

Aspekten aufgehellt wird, um im Anschluß an diese Betrachtung im Blick auf den ontologischen Rang der Situationalität die Konzeption einer Hermeneutik der Selbstverständigung vorzustellen, wie sie sich im Frühwerk Martin Heideggers unter dem Stichwort einer Ontologie der Faktizität darbietet. Heideggers historisch vergleichsweise prämediale Theorie des Selbst erscheint gleichwohl als attraktiver Kandidat, um Funktion und Rolle des menschlichen Selbstbezugs in einem situativ konstituierten Netz der Verweisungen auf eine Weise zu erhellen, die weder bei tradierten philosophischen Subjekt-Konzeptionen Anleihen nehmen muß noch in den Visionen von einer reinen Intelligenz den Geist ohne Körper imaginiert, der sich auf datenprozessierende Maschinen überträgt. Heideggers hermeneutische Konzeption des Selbst bietet demgegenüber die Möglichkeit innerhalb des gegenwärtig wiedererstarkten Interesses an anthropologischen Problemstellungen unter den Bedingungen einer weithin wirksam gewordenen Dekonstruktion des traditionellen Subjektbegriffes Anschluß zu finden an die Frage, wie sich unter den Bedingungen medialer Wirklichkeitserfahrung die Selbstverständigung des Menschen ontologisch bestimmen läßt.

I.

In einem ersten Anlauf geht es jetzt um die Frage, wie im Blick auf die mediale Vernetzung unser Wirklichkeits- und Selbstverständnis sich in einer dialektischen Weise wechselseitig formatierend ausprägt. Diese Frage gewinnt in der universal fungierenden Medienwelt auch darum an Gewicht, weil in dem im Zuge der fortschreitenden Entwicklung der Kommunikationstechniken gemeinhin als neues Paradigma anerkannten Leitbild des Netzes sich die endgültige Verabschiedung der tradierten mechanistischen Weltbildvorstellungen vollzieht.[1] Dieser für die ganze Neuzeit so nachhaltig bedeutsame Ansatz ging davon aus, daß das Ganze der Wirklichkeit sich entsprechend der sie bestimmenden Leitmetapher als ein Uhr- bzw. Räderwerk vorstellen läßt, das zentral von einem Antrieb bzw. Punkt aus gelenkt wird, der, philosophisch gesehen, von Descartes bis hinauf zu Husserl im Ideal des Selbstbesitzes des Bewußtseins bestimmt wird. In völliger Transparenz über sich formuliert das Bewußtsein qua Selbsterkenntnis epistemologisch damit zugleich die Bedingungen der Möglichkeit für das Begreifen der Wirklichkeit als Realität der Dinge und Sachverhalte.
Gegen dieses Bild der Wirklichkeit opponiert das Modell des Netzes, das die Welt der medialen Kommunikation polyzentrisch vorstellt und in dieser Funktion gerade nicht einfachhin nur bestehende Ordnungen

[1] Vgl. *G. Vattimo* 1998.

medial reproduziert, indem es sich von einem seiner selbst als gewiß versicherten ichlichen Bewußtsein her an eine für objektiv genommene Wirklichkeit als der einzig wahren Realität affirmiert. Vielmehr ist es für die Wirklichkeitserfahrung der in sich medial vernetzten Kommunikation bezeichnend, daß sie in den von ihr vorgestellten symbolischen Formen die Ordnungen der Wirklichkeit geradezu erzeugt.[2] Seinen lebensweltlichen Niederschlag findet das unter anderem darin, daß sich, wie Wolfgang Welsch gezeigt hat[3], unsere Formen der Wahrnehmung insofern zunehmend medial ausprägen als elektronische Medien die Muster unserer Alltagskommunikation bis in die Stilmerkmale hinein selektieren. Als Beleg hierfür kann das an der Schnittstelle zwischen Mündlichkeit und Schriftlichkeit angesiedelte Medium der Email dienen, das auf seine Weise mutatis mutandis die von Nietzsche mit Blick auf die Verwendung seiner Schreibmaschine an sich selbst festgestellte Beobachtung bestätigt, wonach, wie er Ende Februar 1882 aus Venedig an Heinrich Köselitz schreibt, »unser Schreibzeug [....] mit an unseren Gedanken (arbeitet)«[4].

Von Marshall McLuhan bis zu Gianni Vattimo wurde immer wieder darauf hingewiesen, daß die elektronischen Medien einer Virtualisierung unseres Realitätsbewußtseins Vorschub leisten. Und in der Tat sieht es heute ja so aus, daß im elektronischen Medienverbund interaktiver Informations- und Unterhaltungsmöglichkeiten ein Potential sich erschließt, daß Kommunikation im Kontrast zu den tradierten Erfahrungsmöglichkeiten fast schon beliebig modellierbar erscheinen läßt und damit im Grundsatz unsere Wirklichkeitsauffassung an deren Interpretativität bindet. Dies ist nicht neu, sondern zählt bekanntlich zu Nietzsches zentralen Einsichten und ist weiterhin auch in Programm und Stichwort des Konstruktivismus seit langem Thema einer eigenen Theorie, die sich darin ebenfalls entschieden gegen eine absolutistische Wirklichkeitsvorstellung wendet.

Der von Nietzsche indizierte interpretative Charakter des Wirklichkeits- wie Wahrheitsbegriffs, der bei ihm kulminiert in der Einsicht bzw. These, daß es »gerade Thatsachen [nicht] giebt [...], nur Interpretationen«[5], läßt, wie noch zu sehen sein wird, strukturell Welt folglich selbst als ein ›Spiel der Interpretationen‹ erscheinen, das aus sich heraus immer schon Auslegung verlangt und damit als reflexiven Gestus ein hermeneutisches Bewußtsein fordert. Eben diese Struktur der Wirklichkeit – also daß sie als eine Konstruktion begriffen werden muß, deren interpretative Leistung nicht auf ein ewiges bzw. absolutes Sein abzielt – gewinnt mit den medialen Wirklichkeiten und den ihnen

2 Vgl. dazu *S. Krämer* 1998.
3 Vgl. *W. Welsch* 1998.
4 *F. Nietzsche* 1986, S. 172.
5 *F. Nietzsche* 1974a, S. 323.

korrespondierenden Weisen unseres Umgangs einen Grad von Deutlichkeit und Prägnanz, der so nicht möglich war, als Wirklichkeit sich im Zeichen metaphysischer Konzeptionen als absolute Realität substanzontologisch zu behaupten hatte.

Demgegenüber erscheint Wirklichkeit in der Medialität ihrer Spiegelungen wie Erfassungsmodi nunmehr flexibel, in ihren Vernetzungen offen für mögliche Verschiebungen und als Sinnprozeß dabei prinzipiell unabschließbar. Was dies mit Blick auf den ontologischen Status medialer Wirklichkeit besagt, läßt sich anschaulich im Blick auf den Umstand fassen, daß wir am PC, dem, wie es heißt, »Leitfossil unserer Epoche«[6], per Mouseklick innerhalb weniger Augenblicke und mit einer geradezu atemberaubenden Geschwindigkeit größte Datenmengen aufrufen und bearbeiten können. Was in der herkömmlichen Technik des Lesens Wochen und Monate bedürfte, um es in Form eines verfügbaren Wissens zu generieren, läßt sich mit entsprechenden Suchbefehlen in wenigen Minuten beibringen. Und was auf Knopfdruck als zu bearbeitende Datenmenge erscheint, läßt sich mit der gleichen Geschwindigkeit auf Knopfdruck löschen, und zwar ohne dabei Spuren zu hinterlassen. So gesehen läßt sich die für Computer als »universelles Medium der symbolischen Verarbeitung von Zeichen«[7] signifikante Medialität näherhin kennzeichnen als »das Feld *ortloser* Platzverschiebungen«[8].

Die Welt der elektronischen Medien erscheint von daher als eine »Welt der Instantaneität«[9], der Augenblicklichkeit, also des unverzögerten Erscheinens und komplementär des instantanen Verschwindens. Vom ontologischen Status her betrachtet bedeutet das, daß die Erscheinung selbst »schon die ganze Substanz«[10] ist, und es folglich nichts gibt, was sich davor und nichts, was sich dahinter schieben würde. M. a. W. öffnet sich unsere mediale Wirklichkeitserfahrung von daher der Einsicht in eine gegenüber der herkömmlichen Substanz- und Dingontologie gänzlich anders geartete Ontologie, die in der Wirklichkeitsbeschreibung ihrer binären Codes gegenüber klassischen Konzepten nunmehr die *Situationalität des Momentanen* als ihren ontologisch strukturellen Grundzug ausweist, mithin das Sein als instantan begreift. So gesehen werden in den Existenzbedingungen der neuen Kommunikationstechnologien die Möglichkeitsräume sichtbar, die in sich die Verabschiedung der hierarchisch klassischen Substanzontologie bedeuten und in eins damit die Auflösung invarianter Wirklichkeitsstrukturen betreiben.

6 *W. Welsch* 1998, S. 233.
7 *G.Ch. Tholen* 1999, S. 19.
8 Ebd.
9 *W. Welsch* 1998, S. 234.
10 Ebd.

Was so »eine Grenze der Wirklichkeitsauflösung«[11] beschreibt, ist als Phänomenkomplex betrachtet selbst einbezogen in jenen Prozeß, und zwar als ihn selbst dabei zugleich mit initiierend, der hinsichtlich der Wirklichkeitserfahrung unter den Vorzeichen einer universellen Interpretativität im Blick auf das vielberufene Ende der sogenannten »Gutenberg-Galaxis« der Idee der Bildlichkeit seit den 80-er Jahren des 20. Jahrhunderts eine neue und geradezu kulturell paradigmatische Relevanz beschert hat.[12] Daß es vornehmlich Bilder sind, die der Dimension medialer Wirklichkeitsauflösung ihre sinnliche Präsenz verleihen, rührt, wirkungsgeschichtlich betrachtet, nicht zuletzt daher, daß sich zu Beginn des 20. Jahrhunderts im Bereich der ästhetischen Erfahrung die Ablösung von der traditionell am Leitgedanken der Repräsentation geschulten Idee der Bildlichkeit vollzog. Das heißt, mit der Entwicklung zur Abstraktion, die sich mit Namen wie Monet, Picasso oder Kandinsky verbindet, wurde die metaphysisch gedeckte Idee der Abbildung der Wirklichkeit im Kunstwerk als Reproduktion und d. i. Verdoppelung der wahren Welt endgültig verabschiedet zugunsten einer Perspektivität, die ihrerseits gerade in der Abstraktion als einer genuinen Erkenntnisform die Erfahrung von Realität authentisch verbürgt findet.[13] Das Bild, das so betrachtet nicht mehr als Abbild fungieren kann, gewinnt, wie Hans-Georg Gadamer in »Wahrheit und Methode« gezeigt hat, unter bewußtem Verzicht auf jeglichen Bezug zu Urbildlichem seine Seinsweise als *Darstellung*.[14] In ihrer temporalen Vollzugsstruktur ist sie dem darin Dargestellten auf eine Weise konstitutiv verbunden, daß »das Bild selber das Gemeinte [ist], sofern es gerade darauf ankommt, wie sich in ihm das Dargestellte darstellt«[15].

Das aber bedeutet, daß der Darstellung in ihrer jeweiligen Konfiguration als Interpretation eine »autonome Wirklichkeit«[16] zukommt, wobei man deren jeweilige konkreten Vollzugsmodi in der Spur hermeneutischer wie auch postmoderner Ansätze heute gemeinhin als »Ästhetisierung der Existenz«[17] faßt. Im Zeichen dieser so neu gewonnenen Aktualität läßt sich das Ästhetische, wie Welsch ausführt, durchaus als eine ›Schlüsselkategorie unserer Zeit‹[18] ansprechen. Denn zweifelsfrei ist es die Kunst, die im Rahmen der Moderne, wie auch Vattimo betont, gerade gesellschaftlich die sich ereignenden Transformationsprozesse im Ganzen des sozialen Lebens sowohl antizipiert

11 *G. Vattimo* 1998, S. 20.
12 Vgl. dazu *G. Boehm* 1995.
13 Vgl. *G. Boehm* 1990.
14 Siehe *H.-G. Gadamer* 1986, S. 142ff.
15 Ebd., S. 143.
16 Ebd., S. 145.
17 *G. Vattimo* 1998, S. 21.
18 Vgl. *W. Welsch* 1993.

wie auch in ihren Darstellungsformen geradezu verdichtet. Dabei muß man analytisch zugleich auf den Umstand achten, daß eben diese Transformationen – wie sie sich in der Kunst manifestieren bzw. als deren Wahrheit(en) im Kunstwerk, um einen bekannten Grundgedanken Heideggers aufzugreifen, aufscheinen – mithin als Ästhetisierung tradierter Weltbild- bzw. Wirklichkeitsvorstellungen an eben deren Auflösung mitarbeiten. So gesehen ist es durchaus stimmig, daß sich unter den Vorzeichen allgemeiner Ästhetisierung die in der medialen Welt der Massenkommunikation formulierende Auflösung traditionell hierarchisch organisierter Wirklichkeitsvorstellungen vollzieht zugunsten horizontaler Vernetzungen, in der statt Stabilität Flexibilität und anstelle von Tiefe Oberfläche produziert und präferiert wird, und folglich sich dieser Prozeß permanenter Sinnverschiebungen einkleidet in eine nicht-essentiale Geschehensstruktur, die sich ihrem ontologischen Status nach als Möglichkeitsspielraum der Interpretationen erschließt.

II.

Keineswegs wird damit aber im Rahmen der von herkömmlichen ontologisch hierarchisch bestimmten Implikationen befreiten Welt der Interpretationen einer Gleichgültig- bzw. Beliebigkeit das Wort geredet. Was bedeutet also dieser ontologische Grundzug der Wirklichkeitsbeschreibung für die Selbstverständigung des Menschen im multimedialen Zeitalter? Um hierüber die nötige Klarheit zu gewinnen, hilft es, im Sinne einer Offenlegung der die skizzierte Wirklichkeitserfassung bestimmenden Voraussetzungen hinsichtlich der damit verbundenen Erkenntnis- als Wahrheitsansprüche den Zusammenhang von Welt und Ich, wie ihn so am wirkungsträchtigsten Friedrich Nietzsche formuliert hat, ein Stück weit zu erhellen.

Im Blick darauf, wie sich entsprechend der nicht-essentialistischen Weltaneignung ein Ich erkennt, läßt sich nach dem bislang Ausgeführten sagen, daß als Erkennender ich im Verhältnis zum zu Erkennenden nicht die Position eines neutralen Gegenüber einnehme bzw. einnehmen kann. Vielmehr erschließt sich heute dieser Bezug medial und also nur noch in und durch seine Relationalität. M. a. W. bin ich als Aktionsfeld meines Selbst- und Weltverhältnisses immer schon in die jeweils bestimmte situativ vernetzte Konstellation impliziert. Diese Selbstimplikation ist sowohl Bedingung der Möglichkeit meines Erkennens wie in eins damit auch deren Grenze. Bin ich aber selbst diese Grenze, so vermag ich nur innerhalb der Grenzziehung, die mir in meine Existenz, und zwar individuell, etwa durch meine Leiblichkeit, wie auch kulturell und historisch eingeschrieben ist, das darin jeweils Erscheinende im Wie seines Auftretens gemäß den Möglichkeiten meiner Selbstaneignung zu erkennen.

Damit zeigt sich, daß Erkennen überhaupt, wie Nietzsche nachweist, interpretierenden Charakter hat bzw. das Erkennen von etwas als Verstehen immer schon Interpretation ist, unbeschadet, wenngleich nicht unbesehen seines im intentionalen Bezug jeweils mitzusetzenden Interpretatums. Dann aber liegt, wie Nietzsche in immer neuen Anläufen gezeigt hat, »der *Werth der Welt* in unserer Interpretation«[19]. Die Welt ist demnach kein »Thatbestand, sondern eine Ausdichtung und Rundung über eine magere Summe von Beobachtungen; sie ist ›im Flusse‹ als etwas Werdendes, als eine sich immer neu verschiebende Falschheit, die sich niemals der Wahrheit nähert: denn – es giebt keine ›Wahrheit‹«[20]. Für Nietzsche sind von daher gesehen die bisherigen Interpretationen »perspektivische Schätzungen, vermöge deren wir uns im Leben [...] erhalten«[21]. Deshalb wendet er sich auch entschieden gegen die positivistische Grundüberzeugung der an sich objektiv gegebenen Tatsachen: »nein, gerade Thatsachen giebt es nicht, nur Interpretationen«[22]. Schon 1873 heißt es bei ihm: »Wahrheiten sind Illusionen, von denen man vergessen hat, dass sie welche sind«[23].

Was Nietzsche damit vollzieht, ist die für die mediale Wirklichkeitsauffassung konstitutive endgültige Verabschiedung der metaphysisch tradierten Entgegensetzung von wahrer und scheinbarer Welt. Denn »es giebt kein ›anderes‹, kein ›wahres‹, kein wesentliches Sein [...] Der Gegensatz der scheinbaren Welt und der wahren Welt reduzirt sich auf den Gegensatz ›Welt‹ und ›Nichts‹«[24], wobei der Charakter der Scheinbarkeit für Nietzsche das Perspektivische ist und also die scheinbare Welt eine Welt ist »nach Werthen angesehen, geordnet, ausgewählt nach Werthen«[25]. Und sofern die »ganz bestimmte Werthung«[26] selbst aber nichts anderes als die Perspektive ist, bleibt demnach keine Welt übrig, »wenn man das Perspektivische abrechnete«[27]. So ist es für Nietzsche dann auch ausgemacht, daß die »Zerstörung einer Illusion noch keine Wahrheit ergiebt, sondern nur ein Stück Unwissenheit mehr«[28]. Eben darin besteht, was er den »Negativen Charakter der ›Wahrheit‹ [nennt] – als Beseitigung eines Irrthums, einer Illusion«[29]. Diese läuft keineswegs skeptizistisch leer, da die

19 *F. Nietzsche* 1974a, S. 112.
20 Ebd.
21 Ebd.
22 Ebd., S. 323.
23 *F. Nietzsche* 1973, S. 374f.
24 *F. Nietzsche* 1972, S. 163.
25 Ebd., S. 162.
26 Ebd., S. 163.
27 Ebd.
28 *F. Nietzsche* 1974b, S. 134.
29 *F. Nietzsche* 1974c, S. 54.

»Entstehung der Illusion eine Förderung des Lebens«[30] bedeutet. »Wir haben Lüge nöthig, [...] um zu leben ... Daß die Lüge nötig ist, um zu leben, das selbst gehört doch mit zu diesem furchtbaren und fragwürdigen Charakter des Daseins...«[31].
Die hermeneutische Aufgabe, die hieraus erwächst, heißt Entlarvung der Lüge als Entzifferung der Illusionen. Nüchtern registriert Nietzsche dabei, daß es »naiv [ist] zu glauben, daß wir je aus diesem Meer der Illusion herauskommen könnten«[32]. So betrachtet zeugt die Anstrengung, »von Illusionen sich nicht beherrschen zu lassen«[33], von einer großen Naivität. Und doch formuliert sich nach Nietzsche in und mit ihr »der intellektuelle Imperativ, das Gebot der Wissenschaft«[34]. Um dieser Paradoxie als Index der Naivität zu entkommen und damit zugleich die Frage der Erkenntnis in einer Nietzsche angemessenen Weise positiv zu profilieren, ist es nötig, im Sinne eines durch Redlichkeit gekennzeichneten intellektuellen Imperativs statt auf Beseitigung der Illusionen alles daranzusetzen, sie als solche überhaupt zu erkennen. Mit Vattimo zu sprechen, heißt das, daß es dabei weniger darum geht, »sich von den Interpretationen zu befreien, als vielmehr die Interpretationen von der Herrschaft der einen ›wahren‹ Wahrheit und der Forderung nach ihr zu befreien«[35]. Das bedeutet aber: erst nachdem der letzte Rest substantialer Wirklichkeitsauffassung in der Selbstverständigung des Menschen wie auch in seinem Bezug zur Welt getilgt ist, wird als Erbe Nietzsches auch die Welt medialer Kommunikation als »eine von der Freiheit der Interpretation gekennzeichnete Welt erscheinen«[36]. Wie aber kann, hermeneutisch gesehen, dieses Selbst- als Weltverständnis sich ausbilden? Welches sind seine ontologischen Strukturen? M. a. W. welche ontologische Verfaßtheit muß das menschliche Selbst haben, daß wir mit Nietzsche die Welt als Interpretation begreifen können und so der medialen Wirklichkeitsinszenierung den Anschein des bloß ›Unwirklichen‹ nehmen? In welcher Weise verhält das Ich sich unter diesen Bedingungen zu sich selbst?

III.

Zunächst einmal bleibt festzuhalten, daß menschliches Leben sich insbesondere auch dadurch auszeichnet, daß es sich immer schon in Si-

[30] Ebd.
[31] *F. Nietzsche* 1970, S. 435.
[32] *F. Nietzsche* 1978, S. 106.
[33] Ebd.
[34] Ebd.
[35] *G. Vattimo* 1998, S. 17.
[36] Ebd.

tuationen versetzt vorfindet, die es mit und für seine Existenz deuten muß. Die im folgenden dritten Gedankenschritt angestellten Überlegungen explizieren diesen für sich genommen ebenso wahren wie trivial erscheinenden Grundverhalt anhand der vom frühen Heidegger entwickelten Ontologie des faktischen Lebens.

In Form einer These läßt sich sagen: Die beschriebene Situiertheit des menschlichen Selbst als seine ihm für sich erschlossene ontisch-existenzielle Gegebenheitsweise ist, was sie ist, d. h. existenzielle Erfahrung, weil Situation ein ontologisches Strukturmoment der menschlichen Existenz beschreibt. Um den phänomenalen Nachweis für den ontologischen Rang der Situationalität zu führen, bietet sich eine Interpretation der von Heidegger in seinen frühen Dozentenvorlesungen zwischen 1919 und 1923 entwickelten Konzeption einer hermeneutischen Ontologie des faktischen Lebens an. Vordergründig führt dies zwar von der Erörterung medialer Wirklichkeitserfahrungen im Zeichen massenkommunikativer Szenarien weg, gleichwohl öffnet sich aber so erst, hermeneutisch betrachtet, die Tiefendimension, die ontologisch die Voraussetzungen dafür schafft, daß sich in der Inszenierung medialer Wirklichkeiten etwas veranschaulicht, was am Grunde seines Geschehens auf den interpretativen Welt- als Selbstbezug verweist, wie er sich im Sinne eines hermeneutisch durchschlagkräftigen Modells in Heideggers früher Ontologie der Faktizität zum Aufweis bringen läßt.

Diese Ontologie konzipiert Heidegger in seinen frühen Vorlesungen in deutlichem Anklang an Motive der Lebensphilosophie, insbesondere Nietzsches und Diltheys als eine *Phänomenologie des Lebens* und intendiert darin ein Verständnis von Ontologie, das sich, wie er selbst sagt, durchaus »als Anthropologie«[37] bezeichnen läßt. Allerdings hat der hier in Anschlag gebrachte Anthropologiebegriff in der Bestimmung des Seins des Menschen bereits den traditionellen Vernunftprimat der Bewußtseinsphilosophie verabschiedet, ist also aus dem von Heidegger so bezeichneten Ansatz einer *Hermeneutik der Faktizität* heraus gedacht. Faktizität ist für ihn nicht wie noch für den zeitgenössischen Neukantianismus im Unterschied zur Logizität als dem philosophischer Reflexion allein zugängigen Bereich das ›bloße Dasein‹, keine ›nackte Unbestimmtheit‹ oder ›pure Tatsächlichkeit‹. Als das vortheoretische Leben im positiven Aufweis seiner Kontingenz und Individualität bezeichnet Faktizität bei Heidegger »den Seinscharakter ›unseres‹ ›eigenen‹ Daseins«[38], bezieht sich folglich auf die existenzielle Erfahrung. In hermeneutischer Pointierung heißt das, die existenziellen Erfahrungen sind dadurch bestimmt, *daß ich sie jeweils bin und nicht nur sie habe.* So gesehen sind Erfahrungen von daher immer

37 *M. Heidegger* 1994, S. 279
38 *M. Heidegger* 1988, S. 7.

schon *Selbsterfahrungen*, in denen ich mich zu mir selbst verhalte, ohne daß ich in diesem existenzial apriorischen Zusammenhang die Möglichkeit besäße, mich von ihnen zu dispensieren. Der faktizitätshermeneutisch angesetzte Erfahrungsbegriff, der in diesem Sinne fundamental am Grunde menschlichen Existierens auf das *Selbstverhältnis* verweist, ist seiner Vollzugsstruktur nach immer bereits situativ bzw. kontextuell bezogen. Ich mache Erfahrungen demnach nur in situativen Zusammenhängen, und Situationen kreieren, durch eine »relative Geschlossenheit«[39] gekennzeichnet, in sich Erfahrungsmöglichkeiten für mich, wobei die Situation in der Regel durch eine, wie Heidegger es nennt, »Unabgehobenheit des Ich«[40] charakterisiert ist.
Diese Unabgehobenheit des Ich deutet darauf hin, daß das Situationssein des Menschen in seinem Aktcharakter nicht an ein vorgängig reflexiv vergewissertes Verlautbaren des Ich gebunden ist, worin sich ein wie immer geartetes substanziell bestimmtes Innen in ein davon unterschiedenes Außen hinaus spräche, was ja bedeutete, daß im Sinne solcher Veräußerung die Situation ihrem objektivierten Status nach etwas Äußerliches bliebe. Demgegenüber ist das hermeneutisch in Ansatz gebrachte Selbstverständigungsverhältnis in ihrer darin sich immer schon vollziehenden Selbstauslegung allein in und durch die konkrete Situation als *Selbstheit* konstituiert. Der Begriff Selbstheit ist hier gebraucht im Sinne von Ricoeurs Unterscheidung der beiden Weisen von Identität, nämlich Selbigkeit als *idem* bzw. *mêmeté* und eben Selbstheit als *ipse* bzw. *ipséité*. Mit Selbigkeit wird bezeichnet, daß ein Ich sich im Wechsel von Raum und Zeit als identisches *idem* in Beständigkeit durchhält, während Selbstheit meint, daß es sich als *ipse* jeweils zu sich selbst verhält, wobei sich diese *ipséité* im Idem vollzieht, aber darin nicht im Wandel der Umstände als Selbiges zu identifizieren ist.[41]
Was sich von hier aus zeigt, ist, daß Situationen, in denen Menschen sich unausweichlich je und immer halten und verhalten, in ihrem erfahrungsbildenden Charakter, wie er sich in der Vernetzung kommunikativer Strukturen als realitätsauflösender Durchdringungszusammenhang zeigt, von daher selbst eine identitätsstiftende Funktion besitzen. Das heißt, der Situation eignet, ontologisch betrachtet, ein apriorisch zu begreifendes sinnstiftendes Wesen, das, weil wir nicht anders als situational leben, seiner Funktion und Struktur nach die Selbstheit ist. Mit der so gedachten situationalen Sinnstiftung, wie sie sich uns über die Medien als Sinnstiftungsagenturen vermittelt, verbindet in ihrer konkreten Ausformung sich konstitutiv der kulturell geschichtlich präformierte Entwurfsraum mit seinen darin jeweils zu

[39] *M. Heidegger* 1987, S. 206.
[40] Ebd.
[41] Vgl. *P. Ricoeur* 1996, S. 150ff.

ergreifenden Sinnerschließungsoptionen, die vom Ansatz her die sinnqua identitätsstiftende Leistung der Situation im Spannungsverhältnis von Vergangenheit und Zukunft verortet, sofern der Mensch seine Situiertheit in der Offenheit zu Künftigem hin erfährt.

Entscheidend für die Ontologizität der Situation, d. h. für die existenzial apriorische und darin identitätbildende Situationalität ist, daß im intentionalen Ansatz des, wie Heidegger es nennt, »sorgenden Ausseins auf etwas«[42] das *Worauf* der Sorge des Lebens und d. i. die Welt intrinsisch im Leben als existenziales Strukturmoment da ist. M. a. W. ist im sorgenden Aussein als Sich-verhalten-zu-etwas dieses Etwas die jeweilige Welt, die sich nach Heidegger als ein Durchdringungszusammenhang von Um-, Mit- und Selbstwelt als den so genannten »Sorgenswelten«[43] darstellt, in denen er die vortheoretischen »reliefartigen Ausformungen des Lebens«[44] erkennt.

Die im gegebenen Zusammenhang weiterführende Einsicht bezieht sich darauf, daß Umwelt, Mitwelt und Selbstwelt in ihrem Durchdringungszusammenhang, den Heidegger seit 1919 als *Lebenswelt* anspricht, gelebt wird »in einer Situation des Selbst«[45], so daß sich die Sorgenswelten in und für eine jeweilige Situation der Selbstwelt bekunden, die sich darin als »Zentrum der Lebensbezüge«[46] ausweist, ohne deshalb unerschütterliches Fundament absoluter Gewißheiten zu sein. Denn gelebt und erfahren wird der *Situationscharakter der Selbstwelt* als, wie Heidegger betont, »labile, fließende Zuständlichkeit«[47]. Das aber bedeutet, daß ich mir selbst in der Welt in dem begegne, worin und womit ich lebe, also meiner im weiten Sinne zu fassenden Um- und Mitwelt, die ihre spezifische Bedeutsamkeit von meinem Selbst her bezieht, wobei der so geartete Selbstbezug vortheoretisch ist, also nicht reflexiv gegeben bzw. erschlossen sein muß. Damit drängt sich die Frage auf, was in einem solch situativ und in diesem Sinne kontextual bestimmten Michselbsthaben als jeweils faktischer Lebensvollzug das *gehabte Selbst* in seiner ontologisch bestimmten Ausdrucksgestalt eigentlich ist. Die Antwort, die Heidegger gibt und die im Blick auf das im ersten Gedankenschritt Ausgeführte für dessen ontologisches Profil von entscheidender Bedeutung ist, lautet: »Die Ausdrucksgestalt des Selbst ist seine Situation. Ich habe mich selbst heißt: *die lebendige Situation wird verständlich*«[48]. Die Erschlossenheit der faktischen Situation stiftet demnach einzig und

42 *M. Heidegger* 1989, S. 240.
43 *M. Heidegger* 1985, S. 94.
44 Ebd., S. 39.
45 Ebd., S. 62.
46 Ebd., S. 87.
47 Ebd., S. 62.
48 Ebd., S. 166.

allein das Wissen um mich, weshalb Heidegger dieses Ich auch ontologisch als »Situations-Ich«[49] bestimmt.
Zusammenfassend heißt das, das Selbst ist einzig im »Ausdruck der Situation«[50] gegenwärtig und die Situation als Ausdrucksphänomen artikuliert den Seinscharakter des Selbst. Dabei ist in Heideggers Konzeption des faktisch historischen Selbst dieses Selbst weder im traditionellen Begriff des empirischen Subjektes zu fassen noch im Blick auf eine »transzendental-relative oder absolut-idealistische Konstitutionsproblematik«[51]. In diesem Sinne ist folglich das historisch faktische Selbst daher weder im klassischen Sinne ©pokeímenon noch Substantia, noch Subjekt als ichlicher Wesenskern, sondern »Funktion der Lebenserfahrung«[52]. Wichtig zu sehen ist, daß hierbei die Selbstweltsituation »keine ordnungsbestimmte Konfiguration von Dingelementen [ist], sondern Lebensgebilde [bzw.] Lebenszusammenhang«[53], so daß im aufgewiesenen situationalen Sinne das Selbst sich in der vollzugsgeschichtlichen Funktion des Lebenszusammenhanges bestimmt in der konkret faktischen Konstellation, die ihre Wirklichkeit qua, wie gesehen, Darstellung im »Wie der bekümmerten [d.i. sorgenden] Selbstaneignung des Selbst«[54] gewinnt.
Im Blick auf eine darin in verschiedenen Stufen sich steigernde »Konzentration des Vollzugs«[55] gewinnt dieser Prozeß der Selbstaneignung für Heidegger seine qualitativ höchste Verdichtung in »der Spontaneität des lebendigen Selbst«[56]. Der Anklang, der in dem nicht näher von ihm erläuterten Begriff der Spontaneität hörbar wird, verweist seiner Tendenz nach auf eine Nähe zu Bergsons These von der Spontaneität als Struktur der Freiheit, ohne allerdings die bei Bergson damit verbundene metaphysische Basis des élan vital für sich mit zu aktivieren. Die Spontaneität als der »Grundsinn des Vollzugs des Selbst in seinem [faktisch historischen] Leben«[57] verleiht dem Sinn menschlicher Existenz seine ursprüngliche Bedeutung. Ist das *Selbst als Funktion der Lebenserfahrung*, wie gesehen, einzig in der Situation gegenwärtig, so erfährt in der vollzugsdominanten Spontaneität ihrerseits nun die Situation »eine Modifikation ihres Gehaltsinnes: es kommt zur schöpferischen *Gestaltung* der Lebenswelt«[58]. In diesen Gestaltungsspielräumen individueller Freiheit werden dabei Weisen

[49] *M. Heidegger* 1987, S. 206.
[50] *M. Heidegger* 1993, S. 258.
[51] *M. Heidegger* 1985, S. 173.
[52] *M. Heidegger* 1987, S. 208.
[53] *M. Heidegger* 1993, S. 165.
[54] *M. Heidegger* 1976, S. 35.
[55] *M. Heidegger* 1993, S. 260.
[56] Ebd., S. 261.
[57] Ebd.
[58] Ebd.

und Konzepte der Selbstgestaltung im Sinne eines gelingenden Lebens gerade auch als Erfahrungsstil einer Ästhetisierung der Existenz entbunden. Damit hat Heideggers Hermeneutik des Selbst jenen Punkt aufgewiesen, von wo aus »der Sinn der *Wirklichkeit* in allen Schichten des Lebens«[59] verständlich wird und es dabei zugleich erlaubt, die Ausgangsfrage der vorliegenden Ausführungen nach dem Selbstverständnis des Menschen im multimedialen Zeitalter auf dem Boden einer hermeneutisch zureichend geklärten ontologischen Basis zu beantworten. Denn das Situations-Ich ist als Funktion des Lebenszusammenhanges im Ansatz bereits offen für einen konstruktiven Dialog, der auch darum produktiv geführt werden kann, weil in der Auseinandersetzung mit Heideggers Hermeneutik des Selbst der Diskurs der medialen Selbstverständigung über kommunikative Wirklichkeitsentwürfe hinsichtlich der unabweisbaren Frage nach Stellung und Funktion des Ich keine Anleihen an herkömmliche substanzontologische Modelle des Ich-Welt-Verhältnisses mehr benötigt und daher auch reflexiv besser verstehen lernt, was in seinen konkret pragmatischen Vollzugsabläufen als Selbstbezug faktisch bedeutsam ist.

Literaturverzeichnis

Boehm, Gottfried. 1990. *Zur Hermeneutik der Abstraktion.* In: Verstehen und Geschehen. Symposium aus Anlaß des 90. Geburtstages von Hans-Georg Gadamer (= Jahresgabe der Martin-Heidegger-Gesellschaft 1990). O.O., 13-25.

Boehm, Gottfried. 1995. *Die Bilderfrage.* In: Ders. (Hg.): Was ist ein Bild?. München: Wilhelm Fink, 325-343.

Gadamer, Hans-Georg 1986. Hermeneutik I. Wahrheit und Methode. Grundzüge einer philosophischen Hermeneutik (Gesammelte Werke 1). Tübingen: J.C.B.Mohr (Paul Siebeck).

Heidegger, Martin. 1976. *Wegmarken* (= Gesamtausgabe Bd. 9. Hrsg. von F.-W. v. Herrmann). Frankfurt/M.: Vittorio Klostermann.

Heidegger, Martin. 1985. *Phänomenologische Interpretationen zu Aristoteles* (= Gesamtausgabe Bd. 61. Hrsg. von W. Bröcker u. K. Bröcker-Oltmanns). Frankfurt/M.: Vittorio Klostermann.

Heidegger, Martin. 1987. *Zur Bestimmung der Philosophie* (= Gesamtausgabe Bd. 56/57. Hrsg. von B. Heimbüchel). Frankfurt/M.: Vittorio Klostermann.

Heidegger, Martin. 1988. *Ontologie (Hermeneutik der Faktizität)* (= Gesamtausgabe Bd. 63. Hrsg. von K. Bröcker-Oltmanns). Frankfurt/M.: Vittorio Klostermann.

[59] Ebd.

Heidegger, Martin. 1989. *Phänomenologische Interpretationen zu Aristoteles (Anzeige der hermeneutischen Situation).* In: Dilthey-Jahrbuch Bd.6. Göttingen: Vandenhoeck & Ruprecht.233-274.
Heidegger, Martin. 1993. *Grundprobleme der Phänomenologie (1919/20)* (= Gesamtausgabe Bd. 58. Hrsg. von H.-H. Gander). Frankfurt/M.: Vittorio Klostermann.
Heidegger, Martin. 1994. *Einführung in die phänomenologische Forschung* (= Gesamtausgabe Bd. 17. Hrsg. von F.-W. v. Herrmann). Frankfurt/M.: Vittorio Klostermann.
Krämer, Sybille. 1998. *Zentralperspektive, Kalkül, Virtuelle Realität: Sieben Thesen über Wirklichkeitsimplikationen symbolischer Formen.* In: G. Vattimo/W. Welsch (Hg.): Medien – Welten – Wirklichkeiten. München 1998, 27-37.
Nietzsche, Friedrich. 1970. *Nachgelassene Fragmente, November 1887-März 1888* (= Kritische Gesamtausgabe Bd. VIII/2. Hrsg. von G. Colli/ M. Montinari). Berlin/New York: De Gruyter.
Nietzsche, Friedrich. 1972. *Nachgelassene Fragmente, Anfang 1888-Anfang Januar 1889* (= Kritische Gesamtausgabe Bd. VIII/3. Hrsg. von G. Colli/ M. Montinari). Berlin/New York: De Gruyter.
Nietzsche, Friedrich. 1973. *Ueber Wahrheit und Lüge im aussermoralischen Sinne.* (= Kritische Gesamtausgabe Bd. III/2. Hrsg. von G. Colli/ M. Montinari). Berlin/New York: De Gruyter.
Nietzsche, Friedrich. 1974a. *Nachgelassene Fragmente, Herbst 1885-Herbst 1887* (= Kritische Gesamtausgabe Bd. VIII/1. Hrsg. von G. Colli/ M. Montinari). Berlin/New York: De Gruyter.
Nietzsche, Friedrich. 1974b. *Nachgelassene Fragmente, April-Juni 1885. 1887* (= Kritische Gesamtausgabe Bd.VII/3. Hrsg. von G. Colli/ M. Montinari). Berlin/New York: De Gruyter.
Nietzsche, Friedrich. 1974c. *Nachgelassene Fragmente, Frühjahr 1884* (= Kritische Gesamtausgabe Bd.VII/2. Hrsg. von G. Colli/ M. Montinari). Berlin/New York: De Gruyter.
Nietzsche, Friedrich. 1978. *Nachgelassene Fragmente, September 1870-Januar 1871* (= Kritische Gesamtausgabe Bd. III/3. Hrsg. von G. Colli/ M. Montinari). Berlin/New York: De Gruyter.
Nietzsche, Friedrich. 1986. *Sämtliche Briefe Bd. 6.* In: Kritische Studienausgabe in 8 Bde. Hrsg. von G. Colli u. M. Montinari. Berlin: DTV/de Gruyter.
Ricoeur, Paul. 1996 [1990]. *Das Selbst als ein Anderer*. München: Wilhelm Fink.
Tholen, Georg Christoph. 1999. *Überschneidungen. Konturen einer Theorie der Medialität.* München: Konfigurationen. Hrsg. von S. Schade/ G. C. Tholen: Wilhelm Fink.
Vattimo, Gianni. 1998. *Die Grenzen der Wirklichkeitsauflösung.* In: : G. Vattimo/W. Welsch (Hg.): Medien – Welten – Wirklichkeiten. München: Wilhelm Fink.

Welsch, Wolfgang. 1993: *Das Ästhetische – Eine Schlüsselkategorie unserer Zeit?* In: Ders. (Hg.): Die Aktualität des Ästhetischen. München: Wilhelm Fink.

Welsch, Wolfgang. 1998. *Die Doppelnatur der Gegenwart: Virtualisierung und Revalidierung*. In: Medien – Welten – Wirklichkeiten. Hrsg. von G. Vattimo/ W. Welsch. München: Wilhelm Fink.

James Alfred Loader

Stromab – Gedanken zur Hermeneutik biblischer Texte im Kontext der neueren angelsächsischen Diskussion

I. Einleitung

»Die Hermeneutik wurde von ihrem Thron gestoßen, und wer heute noch nach ihr fragt, beweist damit nur, daß er von gestern ist.« Dieses aus 1971 rührende *dictum* von Klaus Scholder kann als programmatisch für die vorliegenden Ausführungen angesehen werden[1]. Dazu sind aber drei Vorbemerkungen notwendig.

I.1 Vorbemerkung: Zur Fragestellung und Ziel

Obwohl die eben zitierte Behauptung eher beiläufig in Ulrich Körtners Aufsatz zu »Perspektiven hermeneutischer Theologie« zitiert wird, scheint mir die dadurch thematisierte Problematik doch für seine Darstellung zum Programm einer »Hermeneutischen Theologie« im Rahmen der Rudolf-Bultmann-Gesellschaft grundlegend zu sein[2]. Es liegt nämlich die Frage nach der Berechtigung eines historischen bzw. formgeschichtlichen Zugangs zum biblischen Text an ihrer Wurzel. Aufgabe der folgenden Überlegungen ist, im gleichen Kontext dazu einen Beitrag vor dem Hintergrund der neueren angelsächsischen Debatte zu liefern. Freilich ist das Motto-Zitat negativ gemeint, nicht weil ich die Realität der Palastrevolution bezweifle, sondern weil ich die vorausgesetzte Synonymität von »gestern« und »obsolet« zur Diskussion bringen möchte. Das wiederum in doppelter Hinsicht: Einmal bezüglich der Frage, ob Theologen/innen, die diese Frage »gestern« stellten, sich deshalb geirrt haben müssen. Zum anderen bezüglich der

[1] *K. Scholder*, VF 16/1 (1971), S. 1.
[2] *U. Körtner*, Perspektiven Hermeneutischer Theologie im Anschluß an Rudolf Bultmann, in: BThZ 16/2 (1999), S. 258-266 (hier 263).

Frage, ob die Beschäftigung mit den biblischen Texten je von ihrem »Gestern« loszudenken ist. Es gilt, den oft geleugneten aber immer wieder praktisch festgehaltenen Gegensatz zwischen den als »historisch« bzw. »nicht-historisch« gedachten Konzepten »diachron« bzw. »synchron« in diesem Zusammenhang noch einmal zu problematisieren.

I.2 Vorbemerkung: Zur Begrenzung des Blickfeldes

Solches vor dem Hintergrund der Tradition englischsprachiger »literary criticism« biblischer Texte oder mit **besonderem** Hinweis auf sie zu tun, fordert aus mindestens drei Gründen einige Einschränkungen:

- Zunächst infolge des Charakters dieser Tradition, die nicht sosehr wegen ihrer umfassenden Werke theoretischer Art, sondern vielmehr wegen der Fülle ihrer praktischen Applikationen einflußreich wirkt. Daher stehen Studien dieser Art im Mittelpunkt der gebotenen Beschreibung. Andererseits müssen jedoch zwei theoretisch-argumentative Ansätze von jeweils James Barr und David Kelsey berücksichtigt werden, weil sie gerade für den ästhetischen Aspekt unseres Themas gravierende Impulse liefern.
- Zweitens ist damit zu rechnen, daß die Terminologie, die zur Kennzeichnung der Richtungen, Modalitäten, Methoden und Techniken verwendet wird, sehr verwirrend wirkt, nicht zuletzt in der deutschsprachigen Literatur. Bald wird von »New Literary Criticism«, bald von »New Criticism« als von übergreifenden Begriffen gesprochen. Oft ist es aber nicht klar, ob diese beiden mit dem zusammenfallen, das oft »synchronic reading« heißt, ob sie mit dem »Bible as Literature Approach« gleichbedeutend sind, ob es sich um eine Bewegung oder eine Methode handelt, und wie sich alles dies zu »Rhetorical Criticism« oder »Narrative Criticism« verhält. Das fordert ein Maß an Freiheit im deskriptiven ersten Teil meiner Darlegung, damit wir nicht in Bemühungen um eine möglichst genaue Abgrenzung von Schulen steckenbleiben.
- Schließlich muß, angesichts sowohl dieser Sachlage als auch der Fülle des Stoffes, auf eine Diskussion einiger nicht eigentümlich angelsächsischer Ansätze verzichtet werden. So ist z.B. auf den sog. französischen Strukturalismus zu verweisen, die sich zwar unter biblischen Interpreten in den Vereinigten Staaten[3] und Bri-

[3] Z.B. die Arbeit von *D. Patte*, What is Structural Exegesis?, Philadelphia 1976, in der der Einfluß von A. Greimas auffällt, sowie seine Übersetzung, Structural Analysis of Narrative, Philadelphia 1976, von Jean Calloud, in der die gleiche Tradition vermittelt wird.

tannien[4] einen Platz eroberte, nicht aber hinsichtlich der uns interessierenden Thematik einen eigenständigen Beitrag, der über die typisch nordamerikanischen »approaches« hinausgeht, entwikkelte. Ebenso wird die typisch deutsche »Neue Hermeneutik«, die mit ihrer Betonung des Sprachgeschehens« auch in Amerika[5] und Südafrika[6] beeindruckte, nicht mehr berücksichtigt.

I.3 Vorbemerkung: Zur Definition

In der Hermeneutik als Wissenschaft vom Verstehen geht es in ihrer biblischen Gestalt um das Verstehen von biblischen Texten. Dementsprechend wird sie entweder ganz eng als Regeln für die Exegese definiert oder ganz breit als Aspekt der literarischen Hermeneutik der allgemeinen Hermeneutik eingegliedert, in der über Verstehensbedingungen reflektiert wird und nur der Gegenstand spezifisch ist[7]. Auch der Sicht, jedes Bemühen, das sich für die Interpretation von Texten aus der Perspektive des hermeneutischen Zirkels interessiert, sei es »Hermeneutik« oder »hermeneutische Literaturwissenschaft«, wird begegnet[8]. Gemeint ist in diesem Zusammenhang nicht der Begriff »hermeneutische Theologie« in der Linie Gadamer-Ebeling, wo Sprache die »Vollzugsweise der hermeneutischen Erfahrung« ist[9], sondern wo das Adjektiv »hermeneutisch« im Sinne hat, die Theologie als schrift*auslegende* Theologie zu qualifizieren. Also geht es um das ἑρμενεύειν,[10] um das Vermitteln der biblischen Inhalte und daher um

[4] Eine gute Illustration, die auch weitere angelsächsische Vertreter vorführt, gibt *T. Hawkes*, Structuralism and Semiotics, London 1977.

[5] Beispiele in *R. Wellek* u. *A. Warren*, Theory of Literature, Harmondsworth ³1963.

[6] Vgl. die positive Einschätzung von *E.P. Groenewald*, Krisis in die Interpretasie van die Heilige Skrif, NGTT 10 (1969), S. 2-12; vgl. auch *B.C. Lategan*, Voorlopers van die ›Nuwe Hermeneutiek‹, NGTT 11 (1970), S. 22-28; *J.H. Roberts*, Rondom die Hermeneutiek, ThEv 6 (1973), S. 138-154 (maßvoll kritisch).

[7] *F.E. Deist*, Biblical Hermeneutics, in: Study Guide for Biblical Studies, Pretoria 1985, S. 1ff.

[8] *M. Bal* u.a., Inleiding in de Literatuurwetenschap, Muiderberg ³1983, S. 71-72, wo das Verfahren von E. Staiger als führendes Beispiel dieser allgemeinen Art des »hermeneutischen« Interpretierens angeführt wird.

[9] Vgl. *H.-G. Gadamer*, Wahrheit und Methode. Grundzüge einer Philosophischen Hermeneutik (1960), Tübingen ³1986, S. 445; *G. Ebeling*, Hermeneutische Theologie?, in: *ders.*, Wort und Glaube 2, Tübingen 1969; vgl. U. Körtner, Perspektiven Hermeneutischer Theologie, S. 261; *M. Oeming*, Biblische Hermeneutik. Eine Einführung, Darmstadt 1998, S. 81-88.

[10] Vgl. den Beitrag vom zwar frankophonen, aber doch im angelsächsischen Raum tätigen *J. Grondin*, Einführung in die philosophische Hermeneutik, Darmstadt 1991, S. 27-28, der auf die oft zitierte Stelle bei Platon (Ion. 534e) für einen antiken Beleg dieser Bedeutung verweist.

die daraus hervorgehenden Implikationen für, sowie Forderungen an die Theologie.[11] Wir beschäftigen uns mit der Frage, ob das ἑρμενεύειν von den biblischen Texten angesichts der neueren angelsächsischen »Literary Criticism« noch möglich ist. Nötig ist dazu, daß wir uns eine kurze Übersicht über das Feld der neueren »Literary Criticism« verschaffen.

II. Neuere Tendenzen der »Literary Criticism« im angelsächsischen Raum

Wir überblicken die angedeuteten Tendenzen in drei grob übergreifenden Gruppen, die »New (Literary) Criticism«, »Reader-Response Criticism« und Impulse aus der systematischen Reflexion dazu.

II.1 New Criticism

Es gibt ebenso viel und ebenso wenig eine einheitliche Größe »New Criticism«[12] wie es eine einheitliche »historische Kritik« gibt. Dennoch sind bestimmte Eigentümlichkeiten, die diese von jener unterscheiden, klar zu erkennen.
Die Bezeichnung »New Criticism« stammt von E.J. Spingarn, der sie 1910 zum ersten Mal verwendete, um eine *textbezogene* im Gegensatz zu einer *textexternen* Interpretation literarischer Produkte zu bezeichnen[13]. Später, vor allem seit der dreißiger Jahre, hieß sie auch »New Literary Criticism« und versteht sich als Opposition gegen einen genetischen Vorgang, der ihres Erachtens nach dem fragt, was *hinter* dem Text liegt, statt nach Organisation, Stil und Statistik (»stylometric devices« und »word counting«). Um ihr Ziel zu erreichen, entwickelte die »New Criticism« eine Technik, das sog. »close reading«, damit eine Detailanalyse von allen linguistischen, stilistischen und strukturellen Aspekten des Textes gewonnen werden kann. Somit sind Einflüsse aus Strukturalismus und Linguistik zu beobachten, so daß es m.E. nicht wünschenswert ist, allzu strenge Grenzlinien zwischen der stukturalistisch-linguistischen Kritik und der »New Criticism« zu zie-

[11] Von der Alternative »hermeneutische Theologie« oder »theologische Hermeneutik« wird unten noch die Rede sein. Vgl. U. Körtner, Perspektiven Hermeneutischer Theologie, S. 263.

[12] Eine gute Illustration bietet *J.C. Ransom*, The New Criticism (1941), indem er eine heftige Auseinandersetzung mit Kollegen aus der Bewegung auslöste, weil die damals übliche »New Criticism« seiner Meinung nach nicht »ontologisch« genug wäre.

[13] *M. Seymore-Smith*, New Criticism, in: *A. Bullock* u.a. (Hg.), Dictionary of Modern Thought, Glasgow 1988, S. 579.

hen[14]. Diese Berührungen sind vor allem in der »Discourse Analysis« zu sehen, wo der Text einer genauen Analyse seines Aufbaus unterzogen wird, und zwar mit Hilfe von linguistischen und strukturalistischen sowie von stilistischen und statistischen Kriterien[15]. In der allgemeinen Literaturwissenschaft war das nicht primär anti-historisch gemeint, hatte aber von Natur aus diese Potenz, die v.a. auf dem Gebiet der biblischen Interpretation zu heftiger Kritik führte[16]. Das ist eine klare Analogie zur deutschen textimmanenten Interpretation literarischer Werke[17], indem sie sich mit der »surface structure« eines Textes und nur damit auseinandersetzt.

In diesem Kontext ist innerhalb der biblischen Wissenschaften eine amorphe Bewegung hervorgegangen, die mannigfache Perspektiven und Methoden anwendet, jedoch die literarische Beschäftigung mit der Bibel als *Literatur* vertritt und daher »Bible-as-Literature-Movement« heißt. Ein Zentrum dieser Bewegung ist die britische Universität von Sheffield und das mit ihr assoziierte Journal for the Study of the Old

[14] Damit ist nicht gesagt, daß die beiden Richtungen *identisch* sind. So ist die »New Criticism« von der Kunst um der Kunst willen begeistert, während der Strukturalismus dieses Konzept weitgehend unterminiert, indem er vom (bürgerlichen) konventionellen Charakter der Kunst überzeugt ist. Siehe J. Barton, Reading the Old Testament. Method in Biblical Study, London (1984), S. 180-184, für eine komparative Diskussion.

[15] Z.B. jeweils pronominale Korrespondenz, Wortgruppen und Satzbau; Ringkomposition und Wiederholungen; Stilfiguren wie Assonanz und Alliteration; Wortfrequenz und -distribution. Diese Arbeit wurde aus den USA, vor allem aus der Bloomington-Schule, angeregt und fand in den Bibelwissenschaften eine markante Ausprägung in der »diskursanalytischen Schule« der Universität von Pretoria, Südafrika, wo als führende Figuren J.P. Louw (Neues Testament) und W.S. Prinsloo (Altes Testament) zu nennen sind. Vgl. *J.P. Louw*, Discourse Analysis and the Greek New Testament, BTr 24 (1973), S. 101-118; *W.S. Prinsloo*, The cohesion of Haggai 1:4-11, in: *M. Augustin* u. *K.-D. Schunck*, Wünschet Jerusalem Frieden, Frankfurt a.M. 1988; *ders.*, The Unity of the Book of Joel, ZAW 104 (1992), S. 66-81. In Amerika selbst ist auf die einflußreiche Arbeit von R.M. Polzin und den Indianapolis-Kreis hinzuweisen. Vgl. *R.M. Polzin*, Biblical Structuralism. Method and Subjectivity in the Study of Ancient Texts, Philadelphia 1977, sowie die Arbeit des Kanadiers, *R.C. Culley*, Structural Analysis: Is it done with Mirrors?, Int. 28 (1974), S. 165-181; *ders.*, Studies in the Structure of Hebrew Narrative, Philadelphia 1976.

[16] Vgl. *R. Alter*, The Art of Biblical Narrative, London (1981), S. 13; M. Oeming, a.a.O., S. 71.

[17] Z.B. *E. Staiger*, Die Kunst der Interpretation, Zürich 1955, mit seiner Hochschätzung von sprachlichen und Klangstrukturen; *R. Ingarden*, Das literarische Kunstwerk, Tübingen 1972; *W. Iser*, Der Akt des Lesens, München 1976; vgl. *G. Schunack*, Neuere literaturkritische Interpretationsverfahren in der anglo-amerikanischen Exegese, S. 31.

Testament[18]. Neuerdings werden textzentrierte Interessen oft in einer Person mit leserzentrierten Interessen verbunden, so daß es nicht (mehr) möglich ist, die »Bible-as-Literature-Movement« von den anderen Ansätzen zu trennen[19].
Wir wenden uns nun zu drei der spezifisch textorientierten Richtungen aus diesem Traditionsstrom.

II.1.1 Rhetorical Criticism[20]

»Rhetorics« heißt in der angelsächsischen Welt nicht etwa *in malam partem* »die Kunst des Überredens«[21], sondern deutet auf die Mittel, die dem Verstehen sprachlicher Äußerungen dienen. Also steht die Analyse jener sprachlichen Techniken, die in Texten verwendet werden, damit sie verstanden werden, im Zentrum des Interesses. Daher geht es um die Betonung des kommunikativen Aspekts von Texten in Anlehnung an die »speech act theory«, wobei nicht von sprachlichen Techniken als grammatikalischen oder linguistischen Phänomenen die Rede ist, sondern im breiteren Sinne von der Verwendung der Sprache in zusammenhängenden literarischen Texten.
Aus der Tradition der nicht-genetischen Interpretation kommend, orientiert sich die »Rhetorical Criticism« am Text, zumal die *in* dem Text verwendeten Manöver analysiert werden. Aber da sie nicht an der Literatur für sich interessiert ist, sondern vielmehr an der Literatur-in-Operation, also an der Wirkung der Literatur, kommen auch Autor und Empfänger ins Kalkül. Die kommunikative Wirkung des Textes wird also erforscht, nämlich wie er überzeugt oder versucht zu überzeugen. Das setzt aber im analytischen Verfahren eine soziale Perspektive voraus.
Wichtig ist, daß nicht nur die sog. argumentativen Gattungen versuchen zu »argumentieren«, sondern daß das auch in anderen Textsorten, wie Erzählungen, der Fall ist. Indem die »Rhetorical Criticism«

18 Vgl. *D.J.A. Clines* u. *J.C. Exum* (Hg.), The New Literary Criticism and the Hebrew Bible (Journal for the Study of the Old Testament Supplement Series), Sheffield 1993 (JSOT Press).

19 Z.B. *J.C. Exum*, die viele Studien über die Bibel als Literatur schrieb und eine führende Figur in den Kreisen der feministischen Interpretation der Bibel ist. Vgl. Anm. 16 und ihre Arbeit: Plotted, Shot, and Painted: Cultural Representations of Biblical Women (Gender, Culture, Theory, 3), Sheffield 1996.

20 Vgl. *M. Warner* (Hg.), The Bible as Rhetoric. Studies in Biblical Persuasion and Credibility, London und New York 1990; *B. Mack*, Rhetoric and the New Testament, Minneapolis 1990; *W. Wuellner*, Where is Rhetorical Criticism taking us? CBQ 49 (1987), S. 448-463.

21 Nach G. Schunack, a.a.O., S. 36, ist diese negative Konnotation schon in der »deutschsprachigen kulturellen und literarischen Öffentlichkeit des 19. und 20. Jh.« da, wo von »Rhetorik« die Rede ist, zu beobachten.

eine Sachebene von einer Aussageebene unterscheidet, wird es möglich, die eine als »story« und die andere als »discourse« zu analysieren. Nicht *was* erzählt wird (Inhalt), sondern *wie* das gemacht wird (argumentatives Verfahren), ist der Fokuspunkt. Dazu kommen literarische Fragen ins Spiel, wie »point of view«, Stil, »setting« und die Auswahl aus dem zur Verfügung stehenden Arsenal von Motiven, Begriffen und Worten.

Seit der Initiative von James Muilenburg[22] erfreut sich diese Lesestrategie einer breiten Anerkennung und wird auf dem Gebiet des Alten sowie des Neuen Testaments praktiziert[23]. Hier wurde die Einsicht aufgearbeitet, daß die Rhetorik in religiösen Texten zwar als Versuch funktioniert zu überzeugen, das aber nicht mit rationaler Beweisführung, sondern als Verkündigung tut[24]. So kann man die Evangelien als »stories« verstehen, die mittels ihrer rhetorischen Ebene einen kräftigen Diskurs zum Überzeugen aufbauen. Dieses ist wiederum nichts anderes als das Kerygma der »story«, das – anders als bei Bultmann – innerhalb des Textes, und nicht in einer vorangehenden Erfahrung, liegt[25]. Zudem wird dem religiösen Charakter der biblischen Texte damit ein fester Platz gewährt, was nicht in den historisch-kritischen und anderen literaturwissenschaftlichen Interpretationsarten der Fall sein muß.

Hier liegt allerdings eine nicht unwichtige Unklarheit. Die »Rhetorical Criticism« will in der Tradition der »New Criticism« am Text orientiert sein, aber auch das, was bei Bultmann »Kerygma« heißt, bloßlegen und vermitteln. Nachdem sie als narrative Kritik die Textwelt analysiert hat, will sie offenbar auch die Textintention vermitteln und ist also in dieser Hinsicht *hermeneutisch*. Sie vermittelt angeblich den Sinn des *Textes,* wobei angesichts der großen Bedeutung des *sozialen* Aspekts von Sprache – ohne den die rhetorischen Konventionen und ihre Wirkungskraft nicht zu erkennen sind – uneinsichtig ist, worin der Unterschied zur *Autoren*intention liegt. Wo von einem Kommunikationsmodell ausgegangen wird, ist also die Aufeinanderbezogenheit von Autor, Text und Leser gegeben. Deshalb liegt die »Rhetorical Criticism« grundsätzlich offen zur »Reader-Response Criticism« (s.u.).

22 *J. Muilenburg*, Form Criticism and Beyond, JBL 88 (1969), S. 1-18.

23 Z.B. *J. Jackson* u. *M. Kessler* (Hg.), Rhetorical Criticism. Essays in Honor of James Muilenburg, Pittsburgh 1974; weitere Literatur bei Schunack, a.a.O., S. 28.36-42.

24 So M. Warner (Hg.), a.a.O., S. 136.

25 So z.B. *L.M. Poland*, Literary Criticism and Biblical Hermeneutics. A Critique of Formalist Approaches, Chico 1985, S. 11ff.

II.1.2 Narrative Criticism[26]

Dieser Zugang zum Text wird m.E. zurecht von Schunack »in gewissem Sinne eine interpretative Konkretion der Rhetorik«, und zwar von »poetischen« Texten, genannt. Wird die nahe Verwandtschaft zur »Rhetorical Criticism« bereits dadurch bezeugt, daß Oeming von den beiden als austauschbaren Begriffen (sogar auch als Synonyme von »New Criticism« und »Synchronic Approach«) spricht[27], tritt sie v.a. klar hervor im vielfachen Gebrauch von den gleichen literarischen Phänomenen wie »point of view«, »setting« und rhetorischen Strategien.

Die entscheidende Basis dieser Kritik ist das Konzept der »erzählten Welt« des Textes, die eine geschlossene Einheit ist und nur in sich referiert. Daher ist man nicht am wirklichen Autor und dessen Intention interessiert, wohl aber am Erzähler, der ein rhetorisches Element ist, mittels dessen die Erzählung den Angesprochenen (ebenfalls ein rhetorisches Konstrukt)[28] anspricht.

Auf der Ebene der »Oberfläche« arbeitet die narrative Analyse mit etlichen Elementen, die ebenso in anderen textorientierten Methoden, wie im »close reading« und in der Aufdeckung von Strukturmustern und Stilfiguren sowie Symbolen verwendet werden[29]. Der »story« wird in einem »plot« (Erzählungszusammenhang) organisiert und, damit verbunden, werden die erzählerischen Personen charakterisiert. Hier funktioniert wieder ein rhetorisches Moment, und zwar so, daß der Leser beeinflußt wird, sich mit den »good guys« zu identifizieren und den »bad guys« gegenüber Antipathie zu empfinden. Damit wird der Leser in die Erzählung »verstrickt«[30], so daß sein »Überzeugtwerden« angestrebt wird und ein hermeneutischer Aspekt vorhanden ist.

Am deutlichsten ist die Beziehung zur »Rhetorical Criticism« darin zu sehen, daß auch hier der »point of view«, die Perspektive, von der aus die rhetorische Wirkung der Erzählung funktioniert, eine bestimmende Rolle spielt. Der ganze Text wird von hier aus so organisiert, daß an den Leser appelliert wird, sich die Intention des Textes zu eigen zu

[26] Vgl. *M.A. Powell*, What is Narrative Criticism?, Minneapolis 1990; *R. Alter*, The Art of Biblical Narrative, New York 1981.

[27] M. Oeming, a.a.O., S. 70.

[28] Jeweils noch von dem impliziten Autor bzw. dem impliziten Leser zu unterscheiden, die vom Leser bzw. vom Text vorausgesetzte, auf das Verstehen des Textes ausgerichtete literarische Konstrukte sind.

[29] Z.B. Symmetrische Muster (wie ABCDdcba), Ringkomposition, der »pivot point« (Fokuspunkt), Parallelie, Kontrastierung, literarische Antizipation, Chiasmen usw.

[30] Siehe G. Schunack, a.a.O., S. 47. M.E. gilt dasselbe auch für nichterzählerische poetische Texte, wo der Leser in den Text hineingezogen, also ästhetisch überwältigt und deshalb in eine hermeneutische Erfahrung aufgenommen wird.

machen. Es soll eine Botschaft vermittelt werden. Das läuft parallel zum Überzeugungscharakter des Textes, woran der »Rhetorical Criticism« so viel liegt, bedeutet aber wiederum, daß – bei aller Betonung ihrer textimmanenten Arbeitsweise – auch die narrative Analyse prinzipiell offen ist für eine Weiterführung, in der das hermeneutische Element eine wichtige Rolle spielt.

II.1.3 Canon Criticism[31]

Ein besonderer Fall der literarischen Kritik liegt im ungeheuer einflußreichen »Canonical Approach« vor. Normalerweise wird von dieser Bewegung als einer Einheit gesprochen, aber m.E. werden damit gewichtige Perspektiven übergangen oder unterbewertet. Von den Vertretern dieses Ansatzes könnte zwar behauptet werden, alle zeigten gemeinsam, daß »the canonical approach clearly belongs more to the realm of what in ordinary usage would nowadays be called ›literary‹ criticism than to that of the ›historical‹ study of texts, in that it is concerned with what the text *means* rather than with what it *meant*«[32]. Ebenso könnte man von der Zugangsweise als solcher sagen, daß die »philosophischen Hintergründe ... hier ganz ähnlich wie die beim New Literary Criticism« seien[33].
Dem ist aber nur mit Einschränkung zuzustimmen. Auf der einen Seite ist es richtig, daß die typische Betonung der Endgestalt des Textes und die damit verbundene Hochschätzung von größeren Zusammenhängen sowie literarischen und Kompositionstechniken die »Canon Critics« fest in die Tradition der »New Criticism« einbindet[34]. Auf der anderen Seite gibt es aber auch einen auffallenden Unterschied zwischen zwei Hauptströmen innerhalb dieser Richtung, nämlich die Linie von Childs und die von Sanders.
Bei Childs ist das Anliegen grundlegend *theologisch*, indem er sein Programm entschieden dafür entwarf, den Bruch zwischen der Bibelwissenschaft und der biblischen Theologie – für den die historische Kritik verantwortlich sei – zu reparieren. Daher ist dieser Vorgang ein konfessionelles, bei Childs selbst sogar reformiertes Unternehmen und

[31] Vgl. *B.S. Childs*, Introduction to the Old Testament as Scripture, Philadelphia u. London 1979; *J. Barr*, Holy Scripture. Canon, Authority, Criticism, Philadelphia 1983 (v.a. S. 130ff für eine scharf kritische Reaktion zu Childs); *J.A Sanders*, Canon and Community. A Guide to Canonical Criticism, Philadelphia 1984; *M.G. Brett*, Biblical Criticism in Crisis? The Impact of the Canonical Approach on Old Testament Studies, Cambridge 1991.

[32] J. Barton, a.a.O., S. 90.

[33] M. Oeming, a.a.O., S. 75.

[34] Childs selbst weist auf die Verwandtschaft seiner Methode mit der »newer criticism«, »various forms of structural analysis, and of rhetorical criticism« (a.a.O., S. 74).

nicht an erster Stelle ein literarisches[35]. Mit Oeming kann man es als »amerikanischen Pragmatismus« einschätzen[36], was aber Kritik an einer bestimmten Oberflächlichkeit impliziert. Diese liegt darin, daß der behauptete Verzicht auf textexterne Kriterien zugunsten einer textimmanenten Interpretation nicht durchgeführt wird und auch nicht durchführbar ist. Denn die kanonische Interpretation ist nur möglich ab dem Moment, *in dem es einen Kanon gibt*[37]. Aber *welcher* Kanon es sein soll[38], oder: *was* der Kanon ist, oder wiederum: *wie* die zu interpretierende Endgestalt des Textes konstituiert wird, wird nicht textimmanent, sondern von außerhalb des Textes hereingetragen. Die Sicht Childs', daß der Gebrauch des Masoretischen Textes von der gemeinsamen Tradition des Christentums und des Judentums her richtig sei[39], dürfte naiv genannt werden[40], ist aber textextern und steht in Widerspruch zu seinem textimmanenten Bekenntnis.
Die zweite Modalität der kanonisch orientierten Richtung ist die von J.A. Sanders, nach dem der Kanon nicht sosehr ein Text als ein Prozeß ist. Auch wenn man aus dieser Perspektive mit »literarischen« Mo-

35 Childs selbst (a.a.O., S. 74) sagt in dem gleichen Kontext, wo er auf die Ähnlichkeit zwischen seinem Anliegen und den »literary« Methoden hinweist, daß es sich von anderen unterscheidet, »by interpreting the biblical text in relation to a community of faith and practice for whom it served a particular theological role as possessing divine authority«. Die Bedeutung des Textes für heute (»what it means«) ist also völlig abhängig vom historischen Urteil über die Meinungen und Intentionen der außerhalb des Textes stehenden alten kirchlichen Gesellschaften.

36 M. Oeming, a.a.O., S. 76.

37 J. Barton, a.a.O.

38 Dieser m.E. sehr wesentliche Aspekt der Problematik wird in seiner Evaluation eher beiläufig von Oeming erwähnt.

39 B.S. Childs, a.a.O., S. 72-74.659-671.

40 Zur Kritik vgl. *J. Barr*, Childs' Introduction to the Old Testament as Scripture, JSOT 16 (1980), S. 12-23 (22). Zur Diskrepanz in Childs' Berufung auf Karl Barth, s. auch *J. Barr*, Holy Scripture, S. 140-142 (Barth arbeite nicht »from the context of the Christian canon«, sondern nach ihm liege die Bedeutung des Textes »in the extrinsic realities, the theological real world, to which this pointed«). Demgegenüber ist der Hinweis Bartons auf das Prinzip »was Christum treibet« als Luthers Kriterium für die Bestimmung von kanonischem Status aufschlußreich: Dieses Prinzip will völlig »internal biblical« sein (also »textimmanent« wie von Childs aufgefaßt), setzt aber voraus, daß einzelne Teile der Bibel – das jeweilige »was« – *ohne* Verweis auf die breiteren Zusammenhänge gelesen werden können, um zunächst über ihre Kanonizität zu urteilen. Kurz: Wer kanonisch *und* textimmanent arbeiten will, muß scheitern; wer textimmanent arbeiten will, kann die kanonischen Zusammenhänge nicht so verabsolutieren wie es Childs tut. Vgl. *A.C. Sundberg*, The Old Testament of the Early Church, Cambridge, Mass. u. London 1964, nach dem die christliche Kirche bis zur Reformation keinen Kanon des Alten Testaments außer des griechischen anerkannt habe, und *J.A. Loader*, The Use of the Bible in Conventional South African Theology, in: *W.S. Vorster* (Hg.), Scripture and the Use of Scripture, Pretoria 1979, S. 1-25 (über diese Problematik für konservative Theologie S. 10-11).

menten wie Kompositionsstruktur und Stil arbeitet (wie dies ja immer noch auch von der historischen Kritik getan wurde), ist man am Werdegang des Textes interessiert. Wenn Sanders also »die Transformationsprozesse innerhalb des kanonischen Prozesses« und »den Verlauf der ständigen Adaptierung der Glaubenstradition an das jeweilige Leben« studieren will[41], ist das ein *historisches* Interesse. Daher ist die Kombination dieses Ansatzes mit der Redaktionskritik, wie das z.B. in der Einleitung zum Alten Testament von Erich Zenger und seinen Mitarbeitern zum Ausdruck kommt[42], völlig verständlich. Die kanonische Sicht von Rolf Rendtorff illustriert, daß es in dieser kompositionsbewußten kanonischen Kritik – bei aller Hochschätzung des »Endtextes«, der Komposition und des literarischen Zusammenhangs – noch immer um einen Aspekt oder eine Sonderform der historischen Kritik geht[43].

Immerhin ist die Einflußnahme der deutschen Redaktionskritik auf die sich in der Tradition des »New Criticism« zu Hause fühlende angelsächsische Kanonkritik und deren Rückwirkung auf die deutsche Ansicht der Redaktionskritik ein Indiz dafür, daß die »Canon Criticism« in hermeneutischer Hinsicht nicht so problemlos ist. Die Bibel soll als Kanon interpretiert werden, damit sie verstanden werden kann. Dieses Verstehen aber ist ein *theologisches* Verstehen, das für Childs ein Versuch ist, »to heal the breach between biblical criticism and theology, and it assumes (at least for the purpose of method) that the interpreter is not a detached, neutral critic, free from religious commitment, but a believer, trying to apply the biblical text to the contemporary life of the Church«[44]. Daher treffen die wissenschaftlichen Vorteile der kanonischen Auslegung, wie Oeming diese beschreibt, durchaus für den redaktionskritischen Aspekt der historischen Kritik zu, während die unerfreuliche Frontstellung gegenüber der historischen Kritik nicht ihr einziges Defizit ist. Gerade der hermeneutische Bezug der »Canon Criticism« ist das Interessante, weil hier eine Inkonsequenz liegt: Die Bibel soll nicht nur in der Vergangenheit etwas bedeutet *haben*, sondern jetzt etwas *bedeuten*. Bedeutung soll vermittelt werden, aber der zu vermittelnde Sinn wird nicht aus dem Text selbst geholt, sondern aus einer Reihe von Intentionen, die in der Geschichte hinter der Formation der Kanons stand.

41 M. Oeming, a.a.O., S. 77.
42 *E. Zenger* (Hg.) Einleitung zum Alten Testament, Stuttgart 1996; weitere Beispiele aus dem deutschen Sprachbereich bei M. Oeming, a.a,O., S. 78.
43 *R. Rendtorff*, Das Alte Testament. Eine Einführung, Neukirchen ^{4}1992.
44 J. Barton, a.a.O., S. 90.

II.2 Reader-Response Criticism[45]

Zurecht betrachtet Schunack die »Reader-Response Criticism« eher als eine breite Sammlung von Textzugängen denn als eine Methode: »So können unter dem Titel ›Reader-Response Criticism‹ sehr unterschiedliche Interpretationsverfahren zusammengefaßt oder als dessen Ausprägungen aufgefaßt werden: Rhetorisch-kommunikative, semiotische und strukturalistische, phänomenologische, subjektive und psychoanalytische, soziologische und historische sowie hermeneutische«[46]. Dieses Arsenal von Methoden ist eine Weiterführung der Einsichten, die aus der »Narrative Criticism« bzw. aus der als »literary« gedachten Kritik gewonnen wurden. Der Fokuspunkt liegt beim Leser bzw. beim Lesen, aber, wie der Name schon andeutet, wird dieses dynamisch als ein Prozeß gesehen.

Auch hier wird grundsätzlich mit einem Kommunikationsmodell gearbeitet, also mit der Interaktion von Text und Leser. Dies kann auch mit Rücksichtnahme auf die in der »Narrative Criticism« wichtigen Unterscheidungen zwischen realen und impliziten Autoren und Lesern geschehen, während der Unterschied zwischen »story« und »discourse« oder Argument sowie das minuziöse »close reading« oft herangezogen werden.

Verstehen passiert aber in der Wechselbeziehung zwischen Text und Leser, indem der Leser durch die Textorganisation zu einer Anteilnahme am Text veranlaßt (»involved«) wird[47]. Somit ist die Affinität der »Reader-Response Criticism« mit der rezeptionsästhetischen Dynamik von Wolfgang Iser deutlich[48]. Der Südafrikaner Bernhard Lategan betont ganz stark die Wechselseitigkeit von Text und Leser in dieser Dynamik: Der Leser tritt an den Text mit bestimmten Vorverständnissen, Erwartungen und Wünschen heran, die grundlegend zu der Bedeutung beitragen, die der Text in dieser »response« gewinnt.

45 Vgl. *R. Detweiler* (Hg.), Reader Response Approaches to Biblical and Secular Texts, Decatur 1985.

46 G. Schunack, a.a.O., S. 49, unter Berufung auf *S.R. Suleiman* u. *I. Crosman* (Hg.), The Reader in the Text. Essays on Audience and Interpretation, 1980, S. 6ff. Ähnlich scheint das Urteil von Oeming, dessen Behandlung der »an den Lesern orientierte[n] Methoden« sechs verschiedene Lesestrategien umfaßt; M. Oeming, a.a.O., S. 89-139, unter Verweis auf *Ch. Dohmen* u. *G. Stemberger*, Hermeneutik der jüdischen Bibel und des Alten Testaments, Stuttgart 1996, S. 193, wo es heißt, »Sinn und Bedeutung werden vom jeweiligen Leser und Interpreten konstruiert«.

47 *S.D. Moore*, Literary Criticism and the Gospels. The Theoretical Challenge, New Haven u. London 1989, S. 63.

48 *W. Iser*, Der Akt des Lesens, München [2]1984, S. 50; vgl. *U. Körtner*, Der inspirierte Leser, Göttingen 1994, S. 133.

Aber der Leser kann auch nicht machen was er will, weil Direktiven im Text kodiert sind, die seine Aktualisierung bestimmen[49].
In dieser Einsicht liegt m.E. die Relevanz der »Reader-Response Criticism« für die Fragestellung, die uns nun beschäftigt. Angesichts der Betonung des Beitrags, die nach diesem Ansatz vom Leser ausgeht, wird die hermeneutische Frage in der Auseinandersetzung mit der »Reader-Response Criticism« interessant. Wenn mit der Zentralität dieses Beitrags gemeint ist, daß die ästhetische Erfahrung des Lesers zur Erfassung des Textsinnes ausreicht, ist damit die Ansicht vertreten, die Hermeneutik sei obsolet. Denn in dem Fall gäbe es keine ursprüngliche Intention mehr, die vermittelt werden soll.

Diese Sicht wird eindrucksvoll in einer letzten Radikalisierung der leserorientierten Textauffassungen vertreten, auf die hier wegen ihrer eigenen Leserbezogenheit sowie ihrer negativen Beantwortung der eben erwähnten »hermeneutischen Frage« noch hingewiesen werden soll. Es handelt sich um die Dekonstruktion. Der Leser gilt als Subjekt schlechthin von aller allfällig zu erfahrenden Bedeutung oder Sinn. Hiervon geben Ulrich Körtner und Gerd Schunack Beschreibungen (Körtner unter Verweis auf die »exemplarische« Debatte zwischen H.-G. Gadamer und Jacques Derrida)[50]. In dieser Hinsicht erscheint Derrida angesichts der vielfältigen intertextuellen Bezüge eines Textes als »Antihermeneut«[51], aber Ähnliches läßt sich auch von der Dekonstruktion biblischer Texte sagen[52].

Ich möchte unten in meinen eigenen Überlegungen noch Gründe dafür anführen, daß ein solches für obsolet Halten in innere Problemen verstrickt wird, wenn der geschichtliche und soziale Kontext der Interpretation in Betracht gezogen wird, aber bereits unter Einbeziehung

49 *B.C. Lategan*, Coming to Grips with the Reader in Biblical Literature, in: *E.V. McKnight* (Hg.), Reader Perspectives on the New Testament, Semeia 48 (1989), S. 3ff. Siehe Anm. 6 oben zu seiner früheren Schätzung der »Neuen Hermeneutik«.

50 U. Körtner, Perspektiven Hermeneutischer Theologie, S. 262-264; vgl. *Ph. Forget* (Hg.), Text und Interpretation, München 1984; G. Schunack, a.a.O., S. 52-55.

51 Vgl. Oeming, a.a.O., S. 90.

52 Vgl. *W. Nethöfel*, Theologische Hermeneutik. Vom Mythos zu den Medien, Neukirchen 1992, und, zur Kritik an ihm, U. Körtner, a.a.O., S. 263. Neben den oft zitierten Werken von *J. Culler*, On Deconstruction. Theory and Criticism after Structuralism, Ithaca 1982, und *D. Jobling* u. *S.D. Moore* (Hg.), Poststructuralism as Exegesis, Atlanta 1992, sei weiters beispielsweise unter der Literaturflut nur auf zwei beachtenswerte südafrikanische Beiträge zum Thema verwiesen, nämlich *J.H. Hunter*, Deconstruction and Old Testament. An Evaluation of »Context« with Reference to 1 Samuel 9:2, OTE 4/3 (1991), S. 362-372, und *P.G.R. de Villiers*, The End of Hermeneutics? On New Testament Studies and Postmodernism. Neotestamentica 25/1 (1991), S. 145-156.

der rezeptionsästhetischen Dialektik von Text und Leser ist festzustellen, daß der hermeneutische Umgang mit dem biblischen Text sich nicht so leicht beseitigen läßt.

Zwar ist das *responsum* des Lesers, also seiner *Reaktion* zum Text, ausschlaggebend für die Bedeutung, die der Text in dieser Begegnung bekommt, aber trotzdem soll der Text nicht einfach eine Bedeutung *von* dem Leser empfangen, sondern auch eine Bedeutung *für* den Leser gewinnen. Das ist aber das *hermeneutische* Verfahren, die hermeneutische Erfahrung. Bedeutung soll dem Leser vermittelt werden. Deshalb ist es ohne weiteres klar, daß bedeutende Ansätze der Hermeneutik (allerdings nicht nur der neutestamentlichen Hermeneutik) in der »Reader-Response Criticism« vorgegeben sind[53].

II.3 Impulse aus der systematischen Reflexion

Wir wenden uns nunmehr zwei systematischen Beiträgen aus der angelsächsischen Welt zu, die mir besonders aufschlußreich für unser Thema scheinen, zunächst den Überlegungen von David H. Kelsey aus Yale und dann dem immens einflußreichen Werk des britisch-amerikanischen Theologen und Kritikers James Barr.

II.3.1 Die Bibel und heutiger Sinn

David Kelsey veröffentlichte in der Mitte der siebziger Jahre eine Studie, die bald hochgeschätzt wurde und sich einer breiten Wirkung erfreuen konnte[54]. Die Frage nach der Autorität der Bibel ist hier eine Frage nach der Relation zwischen einer theologischen Position, die sich auf die Bibel bezieht, und der Bibel. »... what does it *mean* when people say that a theological position is, or is not, in accord with scripture?«[55] Also: Wie verhält sich die Bedeutung eines theologischen Konstrukts, das sich irgendwie auf die Bibel beruft, und die Bedeutung der Bibel selbst?

Diese Frage wird unter verschiedenen Gesichtspunkten behandelt, von denen folgende für unser Interesse relevant sind:

[53] Vgl. G. Schunack, a.a.O., S. 51.

[54] *D.H. Kelsey*, The Uses of Scripture in recent Theology, Philadelphia u. London 1975. Vgl. das Urteil *J. Barrs*, Review, The Virginia Seminary Journal xxxi/1 (1979), S. 39: »This is one of the most important contributions to the question of biblical authority made in the last decades.«

[55] J. Barr, a.a.O., S. 39.

»Construing the text«

Zunächst zeigt Kelsey, daß ein theologisches Berufen auf die Schrift[56] bzw. ein Versuch, die Schrift theologisch sinnvoll reden zu lassen, seinem Wesen nach nicht ein Berufen auf die Schrift selbst ist bzw. diese selbst nicht als ganze zum Reden bringt. Wenn Theologen sich auf die Schrift berufen, *konstruieren* sie vielmehr den zu verwendenden Text. Dieses wird anhand des Bibelgebrauchs sieben prominenter Vertreter von Theologien aus verschiedenen Seiten des theologischen Spektrums gezeigt. Das, was für den autoritativen Inhalt der Bibel gehalten wird, also das, was heute theologisch sinnvoll zu Menschen sprechen kann, darf mit der Bibel selbst nicht identifiziert werden. Es ist vielmehr ein vom Theologen in der Bibel wahrgenommenes Muster, also eine Konstellation, die nach Empfinden des Theologen den appellativen bzw. sinnvollen Aspekt der Schrift ausmacht.

- Nach Benjamin B. Warfield[57] ist die Bibel nicht nur die Heilige Schrift, sondern auch dem Wort Gottes gleichzusetzen. »Saving faith necessarily includes belief that certain doctrines are true. Since it is important that the belief be utterly confident, the truths must be utterly trustworthy. That creates the need for an utterly trustworthy authority determining what those doctrines are«. Daher schließt Kelsey: »What is the authoritative aspect of scripture? The *doctrines* it teaches«[58]. Bevor Warfield sich auf den Text beruft, hat er einen »Text« konstruiert – die Dogmen, die die Schrift nach seiner konservativ-protestantischen Überzeugung liefert.

- So verfährt Kelsey auch mit Vertretern des »Biblical Theology Movement«, die seit der dreißiger Jahre bis nach dem Zweiten Weltkrieg vor allem in Großbritannien und in den USA eine Menge von *Theologoumena* auf die angeblichen biblischen Begriffe gründete[59]. Obwohl sein Hauptbeispiel H.-W. Bartsch ist, führt er viele Beispiele aus der anglo-amerikanischen Szene an[60]. Eine Sondermanifestation dieser Bewegung ist in der Arbeit von G.E. Wright[61] zu sehen[62]. Sein Berufungsmuster *in* der Schrift ist deren

[56] Kelsey spricht von der »Schrift« (»scripture«), um damit ihren funktionellen Charakter als heilige Schrift des Christentums, also als autoritative Modell dieser Tradition, anzudeuten.
[57] The Inspiration and Authority of the Bible, Philadelphia 1948.
[58] Kelsey, a.a.O., S. 21.
[59] Kelsey, a.a.O., S. 24ff.
[60] G.A.F. Knight, J. Marsh, J.K.S. Reid, A. Richardson, T.F. Torrance u.a.; Lit. a.a.O., S. 31.
[61] *G.E. Wright*, God who Acts, London 1952.
[62] Kelsey, a.a.O., S. 33-38.

Erzählungscharakter, der aber nichts mit der narrativen Interpretationsweise zu tun hat, sondern als »confessional recital« der Schrift konstruiert wird. Was die Bibel zu vermitteln hat, ist die Offenbarung Gottes als »inference of what actually happened in history«. Die Begriffe der Bibel sollen in diesem Rahmen zu ihren sinnvollen Aussagen gebracht werden[63].

- Das sinnvolle Element, das theologisch zu kommunizieren ist, können bei Karl Barth[64] verschiedene Dinge sein, aber nach Kelsey besteht eines der wichtigsten darin, daß Barth die biblischen Erzählungen als »identity descriptions« konstruiert. D.h., die Schrift liefert einen »agent«, der für die Leser lebendig wird. Der Agent, die Person, mit der der Leser konfrontiert wird, Jesus, ist gemäß seinem Auftreten in der Geschichte zu verstehen und bringt ein »presence« mit sich, das uns »our normative link with God's self-disclosure« bietet.

- Nachdem er gezeigt hat, daß der »konstruierte Text« bei L.S. Thornton die »biblical images« sind, die dem modernen Geist adäquat sein können[65], kommt Kelsey zu Paul Tillich, nach dem »[t]he subject matter of theology ... is the symbols given by the original revelatory experiences and by the tradition based on them«[66]. *Diese* Symbole haben einmal eine expressive Funktion, indem sie der ursprünglichen Offenbarung einen Ausdruck verleihen, aber ebenso eine »occasioning function«, indem sie in Zusammenhang mit den existentialen Fragen, die der Mensch heute stellt, wieder neue – von den ursprünglichen abhängige – Symbole verursachen und herbeiführen können[67]. Dieses Netzwerk von Symbolen ist also Tillichs Schrift, die besonders klar *ursprünglichen* Sinn in der neuen Situation vermittelt.

- Zu seiner letzten »case study« gibt Kelsey die folgende deutliche Aussage von sich: »Although it may be the only thing he has in common with them, Rudolf Bultmann shares with Thornton and Tillich the view that what is authoritative in the Bible are passages that express the revelatory and saving ›Christ event‹ *and occasion contemporary saving and revealing events*«[68]. Er belegt aus der englischen Übersetzung von Bultmanns Theologie des Neuen Te-

[63] Wright, a.a.O., S. 44.57.
[64] Kelsey, a.a.O., S. 39-50.
[65] Kelsey, a.a.O., S. 57-64.
[66] *P. Tillich*, Systematic Theology III, Chicago 1963, S. 201.
[67] *P. Tillich*, Systematic Theology I, S. 6-8; Kelsey, a.a.O., S. 71.
[68] Kelsey, a.a.O., S. 74 (Hervorhebung von mir).

staments, wie das Anliegen der Theologie die Explikation des im Glauben innewohnenden Selbstverständnisses ist. Er fährt fort: »The paradigmatic expressions of Christian self-understanding are found in the New Testament. Bultmann appears to take them as normative because they are the earliest extant expressions of faith. Consequently, the theologian must turn to scripture to authorize his particular ways of explicating faith's self-understanding«[69]. Indem Bultmann die neutestamentlichen Expositionen der Versöhnung an diejenige der eschatologischen Existenz assimiliert, weil diese das Herz der Botschaft des Neuen Testaments sind, kann er seinen Vorschlag machen, eschatologische Existenz zeige genau das, was nach Martin Heidegger authentische Existenz ist[70]. Die von Bultmann konstruierte Schrift bzw. das in dieser vorgefundene Muster, ist also die Fähigkeit, authentische Existenz zu liefern. Der vermittelnd-hermeneutische Charakter dieser Konstruktion ist wahrscheinlich am deutlichsten bei Bultmann zu sehen.

Die ästhetischen und hermeneutischen Seiten der Schriftverwendung

Die Entscheidung für einen die Bibel brauchbar und relevant machenden Aspekt ist nach Kelsey eine kreative Tat des imaginären Geistes, die unterscheidet, worauf es ankommt, nämlich »the mode of God's presence *pro nobis*[71]. Während dieses »imaginative judgment« freilich in einem Kontext (also: in einer Tradition) gemacht wird, der schon von dieser Schrift mitgeformt wurde und seine Materialien daraus entnehmen kann, ist die Schrift zwar bei der eigenständigen Tat *relevant*, aber »... scripture is not decisive precisely because the judgment is imaginative, free, creative«[72].

Daher ist eine Theologie ein ästhetisches Gebilde. Obwohl ein theologischer Vorschlag (»proposal«) seine auf dieser Basis entwickelte Argumentführung nach den Spielregeln der Wissenschaft zu entfalten hat[73], ist damit bereits die ästhetische Qualität aller vermittelnden Versuche zwischen antikem Text und heutigem Leser nachgewiesen. Also scheint es mir nicht legitim, die Alternative »Ästhetik« *oder* »Hermeneutik« für notwendig zu halten. Der letzte Schritt in dieser Gedankenfolge, nämlich daß es unter Umständen eher notwendig ist, den beiden gleichermaßen zu ihrem Recht zu verhelfen, erfolgt anhand

69 Kelsey, a.a.O., S. 75.
70 Kelsey, a.a.O., S. 76f.
71 Kelsey, a.a.O., S. 163.
72 Kelsey, a.a.O., S. 206.
73 Auch dafür bietet Kelsey im zweiten Teil seiner Ausführungen, a.a.O., S. 122-155, ganz bestimmte Vorschläge.

der zweiten angelsächsischen Reflexion zur »Bible in the modern world«.

II.3.2 Die Bibel als klassisches Modell

Zwei Jahre früher als Kelsey veröffentlichte James Barr, damals aus Oxford und später aus Nashville in den USA, sein bald berühmt gewordenes Buch *The Bible in the Modern World*[74], in dem er aus den theologischen Problemen im Bereich des Status und der Verwendung der Bibel seit dem Konsens, der sich nach dem Zweiten Weltkrieg abzeichnete (»the post-war consensus«) und dessen bald folgenden Infragestellung Bilanz zieht. Abgesehen von Themen wie »Inspiration«, »Gotteswort« und den kritischen Einwänden radikaler Kreise, wird die Frage nach der Bibel als Literatur eingehend behandelt, und es wird zu einem Vorschlag für eine Basis neuer, konstruktiver Arbeit vorgestoßen.

»The Bible as Literature«

Nach Barr ist die Bibel der »foundation myth« des Christentums. Als solcher wird sie als Literatur *ästhetisch* rezipiert und gewürdigt. Obschon der literarische Mythos auf die Realitäten der menschlichen Existenz appelliert, liegt seine Bedeutung nicht in dieser außerliterarischen Welt[75]. So ist es möglich, daß in der Bibel als Ganzes »... the parabolic, mythical or literary mode of impact is experienced as the primary one. ... The sense is ... that the story has its main effect anyway before the question of historical events or external realities is answered«[76]. Diese ästhetische Rezeption der Bibel kommt, neben anderen Funktionen, auch in der liturgischen Verwendung der Heiligen Schrift vor. »The Bible provides a series of types or categories of powerful literary character, and these characterize the Christian experience and mark out its distinctive features«[77]. Es ist klar, daß der Sinn nach Barr nicht nur in der Bibel liegt, aber auch nicht nur in der Erfahrung des christlichen Lesers.
Im Kontext einer der ersten theologischen Darstellungen der Unterscheidung zwischen referentiellem, intentionellem und ästhetischem Gebrauch der Bibel weist Barr nun darauf hin, daß Aspekte der Bibelverwendung in dem christlichen Glauben selbst eine enge Verwandtschaft zur religiös neutralen literarischen Wertschätzung aufzeigen[78].

[74] London 1973; viele Auflagen folgten.
[75] Barr, a.a.O., S. 52-55.
[76] Barr, a.a.O., S. 57.
[77] Barr, a.a.O., S. 59.
[78] Barr, a.a.O., S. 60(ff).

Vorausgesetzt, daß dieses Studium weder zu einer Vernachlässigung der historisch-kritischen Ergebnisse führt noch ein Deckmantel für reaktionäre Verwerfung der historischen Kritik wird und sich auch nicht verabsolutiert, kann es Zugang zu wichtigen Bedeutungsaspekte der Bibel in der modernen Welt verleihen[79].

Das klassische Modell

Aber Barr fügt noch einen Schlußstein zu. Klar ist, daß ein ästhetischer Zugang zur Bibel tiefen Sinn haben kann. Aber das erübrigt die hermeneutische Perspektive nicht. Das scheint mir die Konsequenz davon zu sein, daß Barr das Konzept des »klassischen Modells« zum Grundelement seiner konstruktiven Basis macht.

Seine »basic assertion« ist folgende: Der Status der Bibel ist implizit in dem Glauben. D.h.: »Christian faith is structured upon a certain basic model of the understanding of God. The fundamental model was ›first worked out and decisively appropriated‹ in the Old Testament. That model was reaffirmed, restated and reintegrated in Jesus. Christian faith is faith which relates itself to this classic model. The God in whom Christians believe is the God who was known in the Bible; the Jesus in whom they believe is the Jesus of the New Testament«[80].

Es folgt: »Faith is Christian because it relates itself to classically-expressed models. ... Christian faith is not whatever a modern Christian may happen to believe, on any grounds at all, but faith related to Jesus and to the God of Israel. The centrality of the Bible is the recognition of the classic sources for the expression of Jesus and of God«[81]. Das ist, was gemeint ist, wenn es heißt, das Christentum sei eine »historische Religion«. So ist eine »Finalität« in Jesus erreicht, die aber nicht bedeutet, daß »Offenbarung nun aufhört«, sondern daß die Tradition über ihn in ihrer klassischen und rezipierten Form nun der Rahmen wird, innerhalb dessen zukünftige Ereignisse wahrgenommen und verstanden werden können[82]. Freilich soll man sich davor hüten, daß das klassische Modell des Gottesverständnisses[83] objektiviert wird, und Platz einräumen für spätere »supplementary models« aus sekundären Ären der frühen Kirche[84]. Aber die von der Bibel vermittelten Intentionen der klassischen Glaubensgemeinschaft sind *unumgänglich* für jeden Gebrauch des Textes, der *christlichen* Sinn erfahren will.

79 Barr, a.a.O., S. 73-74.
80 Barr, a.a.O., S. 115 (mit kurzem Zitat von G.D. Kaufman aus 1971).
81 Barr, a.a.O., S. 118.
82 Barr, a.a.O., S. 122.
83 Barr, a.a.O., S. 128: »the classic model of understanding God«.
84 Barr, a.a.O., S. 135; z.B. die Modelle der klassischen Christologie und der Trinitätsauffassungen.

Also ist die Frage nicht, ob die Hermeneutik durch die Ästhetik obsolet geworden ist, sondern ob der, der sich ästhetisch mit der Bibel beschäftigt, die ästhetische Erfahrung im Rahmen des christlichen Glaubens wünscht. Wenn das der Fall ist, findet die literar-ästhetische Erfahrung stromab in dem gleichen Fluß statt, in dem die frühe Kirche und Israel ihre Erfahrung mit Gott machten. In dem Fall muß man *per definitionem* eine Beziehung zum klassischen Modell herstellen, um überhaupt christlich zu heißen. Und davon ist die Konsequenz wiederum, daß die literarischen Methoden oder Zugänge zum historischen Orientierungspunkt, wie die Formgeschichte[85] und – vor allem im Lichte des neuesten Stands der Bibelwissenschaften – die Redaktionskritik[86], unverzichtbar sind. Natürlich *muß* man nicht auch mit diesen zutiefst immer noch historisch-kritischen (oder, wenn man das für zu stark gesagt hält, historischen *und* kritischen) Zugangsweisen arbeiten, um *auch* Sinn im ästhetischen Umgang mit den biblischen Texten zu erfahren. Aber wenn man Zugang zu Christus haben will, führt der Weg über die dafür geeigneten Methoden. Daher ist es auch nicht angebracht, die Bezeichnung »ästhetisch« für »nichthistorische« oder schlechthin »literarische« Zugänge zur Bibel zu reservieren. Vielmehr scheinen mir diese Überlegungen in der gleichen Linie zu liegen wie die aneinander geschlossenen Horizonte einer ästhetischen *und* einer historischen Lektüre[87]. Vielmehr ist die Begegnung mit dem Text in ihrem »existentialen« mitsamt ihrem »historischen« Aspekt eine ästhetische. Das bringt uns aber zu meiner Schlußüberlegung.

[85] Es ist hier nicht der Platz, über die Verfeinerung der herkömmlichen Formgeschichte (die mit mündlichen Überlieferungen, den Vorstadien der Texte und deren kleinsten Einheiten arbeitet) in einer sog. »Formengeschichte« (die mit größeren »Makrogattungen« und ihrem schriftlichen Charakter rechnet) zu handeln, weil der Grundsatz der hier vertretenen These davon nicht berührt wird. Vgl. U. Körtner, Der inspirierte Leser, S. 114ff.

[86] Aus dieser Perspektive kann die Redaktionskritik ruhig auch »Redaktionsgeschichte« heißen und die verschiedenen Phasen dieser historischen Untersuchung eines Textes sind alle jeweils »synchron« (nicht »achron«) zu machen.

[87] So weit scheint mir Schunack, a.a.O., S. 29, nicht zu gehen, aber sein Verweis auf die Linie Gadamer-Szondi-Jauß (S. 31) suggeriert doch einen ähnlichen Gedankengang. Vgl. *H.R. Jauß*, Ästhetische Erfahrung und literarische Hermeneutik, Frankfurt a.M. [4]1984. Zu vergleichen ist auch *P. Szondi*, Einführung in die literarische Hermeneutik, Frankfurt a.M. 1975, S. 13, der den ästhetischen Charakter des Textes zu einer Prämisse der Auslegung selbst macht und damit die grundlegende, umfassende Art der ästhetischen Würdigung nahelegt. *F.E. Deist*, The Bible as Literature: Whose Literature?, OTE 7/3 (1991), S. 327-342, ist recht zu geben, als er vor einer »premature fusion of horizons« warnt, und zwar in der die kulturellen Unterschiede zwischen der Welt, in der der Text produziert *wurde* und der Welt, in der er gelesen *wird*, nicht gebührend berücksichtigt werden (S. 335). Jedoch ist seine Formulierung (S. 331-332), wir bräuchten Schutz gegen eine »all-too-easy idealistic and liberal Gadamerian merging of horizons« mindestens wegen ihrer Doppeldeutigkeit fraglich.

III. Schlußüberlegungen aus der eigenen Tradition

Da ich aus einem Teil der angelsächsischen Welt herkomme, der auch durch eine Konjunktur mit der niederländischen Sphäre beeinflußt wurde, sei es mir erlaubt, noch einige Beziehungspunkte, die für unser Thema aus diesem Zusammenfluß hervorkommen, zu erwähnen.

III.1 Die sogenannte Ethische Tradition

Eine theologische Tradition, die den Flügel der südafrikanischen reformierten Theologie, aus dem ich stamme, grundlegend geprägt hat[88], kommt aus den Niederlanden und heißt die »ethische Theologie«. Nachdem sie ein halbes Jahrhundert lang von der Ideologisierung der Theologie während der Apartheidsära überboten war, kommt sie allmählich wieder zu der ihr gebührenden Anerkennung, und es wird wieder damit gerechnet, daß auch in den mageren Dekaden die Bibelwissenschaft vor allem in Pretoria von diesem Einfluß geprägt war. Die »ethische« Theologie stammt aus den Niederlanden des 19. Jahrhunderts und heißt so, weil ihre Grundannahme ist, daß die Wahrheit »ethisch« ist. Die Bezeichnung hat nichts mit dem lateinischen *ethica*, also nichts mit Moraltheologie zu tun, sondern ist von ἦθος, »Charakter«, »Wesen« her gemeint. Auf einer **skeptischen Wirklichkeitsauffassung** basierend, ist für diese Theologie mit dem »ethischen« Charakter der Wahrheit gemeint, daß das Wesen der Wahrheit nicht objektivierbar, rationalisierbar oder zu fassen ist. Aber der Wahrheit ist sehr wohl zu *begegnen.* Gottes Selbstbekanntgebung bedeutet, daß er sich im Sinne des hebräischen ידע bekanntgibt. Also: **Wahrheit als *Begegnung*, nicht als Proposition**[89].

Die ethische Theologie bestand aber ebenso darauf, daß der Mensch verständliche Aussagen über Gott braucht, weil sowohl der menschliche rationelle Bedarf als auch die **soziale Dimension** der Kommunikation[90] sie notwendig machen. D.h., vernünftige, verständliche Aus-

[88] *J.A. Loader*, Ontstaan en eerste periode van die Hervormde teologiese opleiding aan die Universiteit van Pretoria, HTS 45/2 (1989), S. 412-437; *ders.*, 'n Hervormde tradisie as heelmiddel, HTS 52/4 (1996), S. 1-24.

[89] Als wäre Emil Brunner ein niederländischer Ethiker! Vgl. *ders.* Wahrheit als Begegnung, Zürich ^{2}1963 (1938). Der nunmehr folgende Abriß faßt das zusammen, was ich in verschiedenen Schriften herausgearbeitet habe: Die etiese Ou-Testamentici in Nederland tussen 1870 en 1914, Pretoria 1984 (Lit.); The Concept of Revelation in Dutch Ethical Theology, OTE 3 (1985), S. 18-32; *Tertium datur* – oor die etiese Waarheidsbegrip, HTS 43/1 (1987), S. 47-56.

[90] In dieser Hinsicht unterscheidet die Ethische Theologie sich vom Individualismus des »schweizerischen Schleiermacher«, Alexandre Rodophe Vinet (1797-1847), dessen Einfluß auf die Ethiker ansonsten beträchtlich war, und näherte sie sich Schleiermachers Betonung der sozialen Dimension der Gemeinde an.

sagen (»Propositionen«) über Gott sind notwendig als Vermittlung der Zeugnisse von der Wahrheit-als-Begegnung. Sprechen über Gott (oder Sprache über Gott) ist also grundsätzlich vermittelnd, *hermeneutisch*, weil der Sprecher ein Gottesbote ist. Diese soziale Dimension ist die erste von zwei Beschränkungen des Subjektivismus. Die zweite ist **die Bibel**, die ja eine Sammlung von Aussagen über menschliche Begegnungen mit Gott bzw. mit der Wahrheit ist und als solche von Haus aus innerhalb einer Gesellschaft und ihrer Nachkommenschaft selbst vermittelnd wirkt[91]. Die Ethiker betonten immer wieder, daß Gottes Selbstbekanntmachung uns progressiv durch die Vermittlung der Schriften Israels und der frühen Kirche zugänglich gemacht wird[92]. In der Auseinandersetzung mit diesem Traditionsstrom liegt die Identität der neu erlebten Offenbarung, Selbstbekanntmachung Gottes oder Begegnung mit ihm als *christliches* Erlebnis[93]. In diesem Strom ist die **Inspiration des Heiligen Geistes** in den Empfängern, also in den Lesern, ebenso als in den ursprünglichen Zeugen wirksam. Das letzte Merkmal der ethischen Theologie, auf das ich hinweisen möchte, ist das Bestehen darauf, daß die Offenbarung Gottes **geschichtlichen Charakters** ist. Sie findet in der Zeit statt, und das ist geschichtlich. Sie fand in der *vergangenen* Zeit statt[94], wurde bezeugt, fand wieder mit Verweis auf das Modell statt usw.[95], und das ist ein geschichtlicher Traditionsstrom.

III.2 »Hermeneutische Theologie«

Es dürfte klar geworden sein, daß hier nicht die Rede ist von einer »allgemeinen« Hermeneutik aus »theologischer« Perspektive. Es dürfte auch deutlich sein, daß ich gerne den Eröffnungssatz des Vortrags von Oswald Bayer vor der ersten Tagung der Rudolf-Bultmann-Gesellschaft für Hermeneutische Theologie buchstäblich wiederholen möchte: »Christliche Theologie ist *hermeneutische* Theologie«[96] – vielleicht doch mit anderer Hervorhebung: »*Christliche* Theologie ist

91 D.h. synchron und diachron.

92 Z.B. *J.J.P. Valeton jr.*, De Israelitische Letterkunde als onderdeel der Christelike Theologie, Groningen 1877, S. 14.16.

93 Offenbar liegt diese Ansicht sehr nahe an der oben besprochenen Vorstellung Barrs von dem »classical model«, mit dem die späteren sich in einer Beziehung verbunden wissen müssen, um »christlich« zu sein.

94 Zu einer bestimmten Zeit in der Geschichte: synchron.

95 Jedesmal in der Zeit ist eine synchron zu verstehende Gelegenheit, und die Reihe, die Tradition oder der Strom der Überlieferung ist eine diachronische Abfolge der grundsätzlich gleichen Erfahrung.

96 *O. Bayer*, Hermeneutische Theologie, in: *U. Körtner* (Hg.), Glauben und Verstehen. Perspektiven Hermeneutischer Theologie, Neukirchen-Vluyn 2000, S. 39-55 (39).

hermeneutische Theologie«, um damit das Fazit meiner Ausführungen auszudrücken. Allerdings wäre die Begründung von der eben skizzierten Tradition her nicht, daß Gott der *deus dicens* ist[97]. Daher geht der auch von mir für notwendig gehaltene hermeneutische Charakter der Theologie nicht von einem etwaigen sprachlichen Charakter der Selbstmitteilung Gottes aus[98]. Die Theologie enthält ihren sprachlichen (propositionellen) Charakter nicht dadurch, daß Gott spricht[99], sondern dadurch, daß Menschen sprechen – ist Theo-logie doch nicht Gottes Wort, sondern ein menschlich reflektives Sprechen *über* Gott[100]. Gott theologisiert nicht. Ich bekenne mich eher zu dem »Schleiermacher und Bultmann gemeinsame(n) Grundzug«, nämlich zu »der Scheu, vom deus dicens direkt und nicht im Spiegel des homo recipiens zu reden«[101]. Wenn die göttliche Selbstoffenbarung, also die Wahrheit, sprachlich wäre, so wäre sie verständlich, also faßbar. Das würde bedeuten, das (um)faßbare Wort umfasse die Wahrheit. Aber *finitum non capax infiniti*.

Von diesen Überlegungen aus scheint es mir zwar durchaus berechtigt, den Text zu »transzendieren«[102] und den Sinngehalt »im Text und nicht im Urheber des Textes« zu finden[103], aber: dann muß der Leser, will er ein christliches Verständnis davon gewinnen, dennoch in einem neuen Zug die Beziehung zur Quelle der christlichen Tradition herstellen, also doch noch in einem »Rückgang hinter den Text auf eine ihm zugrundeliegende Erfahrung« fragen nach dem Sinn als einer Gemeinschaft von dem ästhetisch in der Rezeption Erlebten und (ebenso ästhetisch) stromauf in der Begegnung mit Gott Erlebten. Denn der Heilige Geist hat sich »so sehr an Laute und Buchstaben« gebunden[104] wie die christliche Buchtradition zeigt, aber er ist noch immer der Heilige Geist, der für inspirierte Leser und Leserinnen sorgt, wie er für inspirierte Verfasser und – glaub' ich – Verfasserinnen gesorgt hat.

97 O. Bayer, a.a.O., S. 45: »Weil Gott selbst Hermeneut ist, muß Theologie hermeneutische Theologie sein.«

98 Dagegen meint Bayer, a.a.O., S. 49, eben das.

99 Erst recht nicht dadurch, daß Gott *schreibe* (Bayer, a.a.O., S. 46).

100 Demgegenüber meint O. Bayer, a.a.O., S. 45, aus der Etymologie des Wortes »Theologie« heraus zu hören, »daß und wie Gott und Wort zueinandergehören«. M.E. gehören Gott und des Menschen theologisierendes Wort schon zusammen, aber gerade deshalb, weil dieses ein ἑρμενεύειν über jenen ist.

101 Anders O. Bayer, a.a.O., S. 41.

102 O. Bayer, a.a.O., S. 51.

103 O. Bayer, a.a.O., S. 52, mit Verweis auf *P. Ricoeur*, Hermeneutik und Strukturalismus. Der Konflikt der Interpretationen I, München 1973, S. 194.

104 O. Bayer, a.a.O., S. 53.

Matthias Petzoldt

Die Theologie des Wortes im Zeitalter der neuen Medien

Um in der mir aufgetragenen Themenstellung nicht zu ertrinken, möchte ich das, was Theologie des Wortes im 20. Jahrhundert charakterisiert, was sie aber auch zur Zielscheibe der Kritik werden läßt und was sich im Zeichen der medialen und medientheoretischen Umbrüche an Fragestellungen bei ihr auftut, an dem Namen Gerhard Ebeling festmachen. Dieses Vorgehen bietet sich an, weil Ebeling in markanter Weise Wort-Gottes-Theologie fortgeschrieben hat. Die genannten Problemstellungen lassen sich denn auch an seiner theologischen Konzeption gut aufzeigen und diskutieren. Darüber hinaus habe ich diese Wahl getroffen, weil die Formel »Hermeneutische Theologie», welche diese Gesellschaft, vor der ich heute referiere, vor zwei Jahren zum Programm ihrer Arbeit erhoben hat, auf Gerhard Ebeling zurückgeht. So mag der Vortrag auch darin einen Beitrag leisten, Diskussionen anzuregen, die den in Gang befindlichen Prozeß der inhaltlichen Ausfüllung jener Selbstbezeichnung weiter vorantreiben.

I. Theologie des Wortes im Hermeneutik-Konzept Gerhard Ebelings – und ihre Infragestellung

I.1 Hermeneutik des Wortgeschehens

Die theologische Arbeit Gerhard Ebelings steht im breiten Strom der Wort-Gottes-Theologie, die für die deutsche protestantische Theologie des 20. Jahrhunderts viele Jahrzehnte lang bestimmend gewesen ist. Entscheidende Anstöße hat er durch die Theologien Luthers und Bultmanns erhalten. Durch beide rückt für Ebeling das Thema der Hermeneutik in den Mittelpunkt. Nicht zu übersehen sind aber auch seine besonderen Akzentsetzungen.

Die »reformatorische Konzentration auf Wort und Glaube« zieht sich als »Grundthema«[1] durch Ebelings ganzes Werk.[2] Was jedoch die christliche und vornehmlich reformatorische Tradition unter dem Symbolbegriff »Wort« zusammenfaßt, legt Ebeling betontermaßen mit den Begriffen »Wortgeschehen« bzw. »Sprachgeschehen« aus.[3] Mehrere Ziele verfolgt er dabei. Schon im Formalen sucht Ebeling damit den Ereignischarakter des Evangeliums begrifflich einzufangen. Als Botschaft ist es »ein mitteilendes oder proklamierendes Wort, das auf ein Ereignis bezogen ist und das die durch dieses Ereignis eingetretene Situationsveränderung nicht nur ansagt, sondern auch bereits einleitet, kraft der Ansage heraufführt und somit selbst ein Ereignis darstellt.«[4] Aber auch inhaltlich bedeutet Evangelium ein Geschehen. Als »Freudenbotschaft, die Freude verkündet und Freude wirkt«[5], ergeht es in der Spannung zum tötenden Gesetz und macht lebendig, wo es Gehör im Glauben findet. Der »Ursprung«[6] dieses Wortgeschehens ist selbst Wortgeschehen: in dem Ereignis, daß Gott Mensch wurde. Hier sind »im Medium des Wortes ... unvermischt und ungetrennt ... Gott und Mensch«, vollmächtiges Reden und andächtiges Hören, beisammen.[7] Was sich in dieser Weise aus dem Verstehen des hörenden Glaubens als theologische Einsicht artikuliert, kann die Theologie zugleich als historische Erkenntnis festhalten: die »Tradierbarkeit Jesu

1 *G. Ebeling*, Wort und Glaube (künftig abgekürzt WuG I), Tübingen 1960, V.

2 Davon legt nicht nur die vierbändige Sammlung von Aufsätzen »Wort und Glaube« (1960-1995) Zeugnis ab, sondern auch seine dreibändige »Dogmatik des christlichen Glaubens« (Tübingen 1979; ich zitiere nach der Lizenzausgabe [= Nachdruck der 2. Auflage] Berlin 1986), welche im »Begriff des Wortes Gottes einen Leitfaden der ganzen Dogmatik« sieht, ebd. I, S. 259; vgl. dazu § 18 B I 3, § 19 B I 4, § 20 B I 3, B 22, § 27, § 35.

3 *G. Ebeling*, Wort Gottes und Hermeneutik (1959), WuG I, S. 319-348: »Wort ist darum nur recht verstanden, wenn es als ein Geschehen im Blick ist, zu dem zumindest zwei gehören – wie zur Liebe. Die Grundstruktur des Wortes ist darum nicht Aussage – das ist eine abstrakte Abart des Wortgeschehens –, sondern Mitteilung, gewiß nicht in dem abgeblaßten Sinne von Information, sondern in dem gefüllten Sinn von Partizipation und Kommunikation« (ebd., S. 342). – Vgl. zu den Ebelingschen Termini den Begriff »Sprachereignis« bei *Ernst Fuchs*, Was ist ein Sprachereignis? Ein Brief (1960), in: *ders.*, Zur Frage nach dem historischen Jesus (Gesammelte Aufsätze II). Tübingen 1960, S. 424-430. Ich kann an dieser Stelle nur auf die sachliche Nähe der hermeneutischen Arbeiten von Ernst Fuchs verweisen. Zum Thema kann diese Parallelität sowie die Freundschaft und Zusammenarbeit zwischen Ebeling und Fuchs nicht gemacht werden. Vgl. auch *E. Fuchs*, Hermeneutik, Bad Cannstatt ²1958; *ders.*, Marburger Hermeneutik, Tübingen 1968; *ders.*, Zum hermeneutischen Problem in der Theologie (GAufs I), Tübingen ²1965; *ders.*, Glaube und Erfahrung (GAufs III), Tübingen 1965.

4 G. Ebeling, Dogmatik (s. Anm. 2) II, S. 94.

5 Ebd., S. 93.

6 Ebd., S. 91.

7 Ebd., S. 92.

durch das Evangelium«[8] als »das Wortgeschehen, das durch Jesus inauguriert und auf ihn bezogen wurde«[9].

Unter dem aktualen Verständnis von Wort kann Ebeling die Erkenntnisse der historischen Bibelkritik für die Theologie zum Verstehen bringen. Was diese literarkritisch freilegt – sowohl an mündlichen und schriftlichen Quellen und Schichtungen, die den neutestamentlichen Schriften vorausliegen, als auch an späteren redaktionellen Bearbeitungen – wird als ein Prozeß des Wortgeschehens durchsichtig, der von dem zum Grund des Glaubens gewordenen Zeugen des Glaubens ausgeht, und im weiteren Ergehen und Hören des Wortes immer wieder Glauben findet.[10] Mit solcher Integration historisch-kritischer Exegese in die systematische Theologie hat Ebeling als Systematiker in der Bultmann-Schule die Auseinandersetzung mit evangelikaler Kritik geführt.[11] Gleichzeitig betont er zusammen mit anderen Bultmann-Schülern gegen den Lehrer die theologische Bedeutung des historischen Jesus und befördert damit die sog. neue Rückfrage nach dem historischen Jesus. »Denn offenbar ist der Glaube nicht christlicher Glaube, wenn er nicht Anhalt hat am historischen Jesus«[12]. Der christliche Glaube fußt auf der neutestamentlichen Überlieferung, die durch die historische Kritik als eine Wirkungsgeschichte verständlich wird, also als ein Wortgeschehen, das seinerseits von dem historischer Jesus ausgeht. Schreitet man den Überlieferungsprozeß rückwärts ab, erhält zwar die historische Erkenntnis in der Wahrnehmung des Jesus von Nazareth keinen Beweis für dessen theologische Bedeutung, wohl aber wird die theologische Erkenntnis des Glaubensgrundes ansichtig und hat darin das entscheidende Kriterium für die Prüfung der Identität der christlichen Überlieferung.[13]

Das im Sprachgeschehen der christliche Tradition ergehende Wort findet Eingang in die Sprachlichkeit der menschlichen Existenz. Auf diese Weise wandelt die Botschaft den Menschen um. Im Überdenken dieses Zusammentreffens wird für Ebeling die »Sprachlichkeit der Wirklichkeit«[14] zu einem bevorzugten Gegenstand seiner fundamen-

8 Ebd., S. 96f.

9 Ebd., S. 93.

10 *G. Ebeling*, Das Wesen des christlichen Glaubens, Tübingen 1959.

11 Vgl. z.B. *G. Ebeling*, Die Bedeutung der historisch-kritischen Methode für die protestantische Theologie und Kirche. (Mit diesem Aufsatz eröffnet Ebeling 1950 die Zeitschrift ZThK [S. 1-46 = WuG I, S. 1-49] nach dem Zweiten Weltkrieg neu); *ders.*, Theologie und Verkündigung, Tübingen 1962.

12 *G. Ebeling*, Jesus und Glaube (1958), WuG I, S. 203-254, hier: S. 207.

13 Vgl. auch *G. Ebeling*, Die Frage nach dem historischen Jesus und das Problem der Christologie (1959), WuG I, S. 300-318; *ders.*, Was heißt: Ich glaube an Jesus Christus? (1968), WuG III, S. 270-308; ders., Theologie und Verkündigung (s. Anm. 11); ders., Dogmatik II, Kap. 6.

14 *G. Ebeling*, Theologie und Wirklichkeit (1956), WuG I, S. 192-202; hier: S. 202.

taltheologischen Untersuchungen. Danach ist die Grundsituation des Menschen als eines Wesens, »das Sprache hat«, durch einen großen Strom von Wortgeschehen bestimmt.[15] »Der Mensch spricht, weil er von anderen Sprache als von ihm vorgesprochene empfangen hat und weil er sich danach sehnt, auf sein eigenes Sprechen wiederum ein Echo, eine Antwort zu erhalten.«[16] Die Fundamentaltheologie versucht, die Sensibilität menschlicher Erfahrungsreflexion und wissenschaftlicher Rationalität dafür zu wecken, »daß in allem Wortgeschehen eine Tiefendimension präsent ist, auf die das Wort ›Gott‹ weist ... als ein verborgenes und gleichsam verschwiegenes Wortgeschehen, dem jedes Wort sich verdankt.«[17]

Der Zusammenhang von Sprache, Wirklichkeit und Rede von Gott, wie ihn Gerhard Ebeling darstellt, wird dann u.a. zum Angriffsziel des Kritischen Rationalismus, als Hans Albert der Hermeneutik im ganzen und der hermeneutischen Theologie im besonderen eine unwissenschaftliche, weil sinnentleerte Sprache vorwirft, da sie sich gegen das Postulat falsifizierbarer Aussagen immunisiere.[18] Ebeling repliziert mit dem Vorwurf der wissenschaftstheoretischen Engführung des im Kritischen Rationalismus obwaltenden naturwissenschaftlichen Erklärungsinteresses, welches die Weite der hermeneutischen Fragestellung gar nicht zu erfassen vermag.[19]

Seinerseits entwickelt Ebeling eine »theologische Sprachlehre«[20], die philosophisch sowohl an Heideggers Spätphilosophie als auch an Gadamers Hermeneutik des wirkungsgeschichtlichen Bewußtseins anknüpfen kann[21]. Ist nach dem Philosophen Gadamer für die Hermeneutik in ihrer ontologischen Wendung die Sprache »das universale Medium, in dem sich das Verstehen selbst vollzieht«[22], weil »Sein, das verstanden werden kann, Sprache ist«[23], so nimmt der Theologe Ebeling in seiner Weise diese Sicht auf und formuliert als Problemstellung für die Hermeneutik: »Das Grundphänomen ist nicht das Verstehen *von* Sprache, sondern das Verstehen *durch* Sprache«.[24]

15 *G. Ebeling*, Gott und Wort (1966), WuG II, S. 396-432; hier: S. 418.
16 Ebd.
17 Ebd.
18 *H. Albert*, Traktat über kritische Vernunft, Tübingen 1968.
19 *G. Ebeling*, Kritischer Rationalismus? Zu Hans Alberts »Traktat über kritische Vernunft«, Tübingen 1973. Vgl. auch die Erwiderung von *H. Albert*, Theologische Holzwege. Gerhard Ebeling und der rechte Gebrauch der Vernunft, Tübingen 1973 (bes. S. 69-91).
20 *G. Ebeling*, Einführung in theologische Sprachlehre, Tübingen 1971.
21 Ebd., S. 107 und WuG II, S. 402 (Anm. 4). – Zu Heidegger vgl. unten Anm. 130.
22 *H.-G. Gadamer*, Wahrheit und Methode. Grundzüge einer philosophischen Hermeneutik, Tübingen (1960) [6]1990, S. 392 (dort alles kursiv).
23 Ebd., S. 478 (dort alles kursiv).
24 G. Ebeling, Einführung (s. Anm. 20), S. 146.

Auch darin zeigt sich seine Nähe zu Heidegger und Gadamer und erst recht zu Bultmann, daß Ebeling wie diese die Aufgabe der Hermeneutik nicht auf die Interpretation überlieferter Texte beschränkt, sondern in umfassender Weise als Verstehen von Wirklichkeit in der Wahrnehmung von Wortverantwortung begreift.[25] Teilt er darin ihre Auffassung von Hermeneutik als wissenschaftlicher Universaldisziplin, so folgt daraus für die Theologie, daß »ihr Geschäft im ganzen hermeneutischer Art« sein muß.[26] Es liegt in dieser Konsequenz, wenn Ebeling zur generellen Charakterisierung theologischer Arbeit unter der hermeneutischen Perspektive den Begriff der »Hermeneutischen Theologie« prägt.[27] »Damit erhält die hermeneutische Fragestellung eine Weite, die das, was in historischer und systematischer Theologie auseinanderzubrechen droht, auf seine Einheit hin ausrichtet.«[28]

I.2 Anfragen und Infragestellungen

Aus der Debatte um Ebelings Theologie greife ich jetzt drei Kritikmuster heraus, die ich in der Reihenfolge ihres Auftretens abhandle. Im dritten Teil des Vortrags rufe ich diese Positionen wieder auf, um dann – unter dem Eindruck der im zweiten Teil vorgestellten Medienentwicklung – zu prüfen, welche Gesprächsmöglichkeiten zwischen Ebeling und seinen Kritikern sich ergeben oder ausschließen.

I.2.1 Kritik am Defizit sprachanalytischer Fundierung

Eine kritische Stoßrichtung zielt auf das methodische Defizit in Ebelings Hermeneutik-Konzept, sein Verständnis von Sprache und Sprachlichkeit nicht durch die Erkenntnisse analytischer Sprachphilosophie fundiert zu haben.[29] Hinter der Differenz in der Sprachauffassung, die sich hier auftut, steht eine weitergreifende Verschiedenheit philosophischer Ansätze: dort eine Hermeneutik als Konzept verstehender Aneignung von Inhalten in der Autorität vorliegender sprachli-

[25] *G. Ebeling*, Hermeneutische Theologie? (1965), WuG II, S. 99-120.

[26] *G. Ebeling*, Studium der Theologie. Eine enzyklopädische Orientierung, Tübingen 1975, S. 172-173.

[27] G. Ebeling, Hermeneutische Theologie? (s. Anm. 25). Ebeling entschließt sich allerdings unter anfänglichen Bedenken, nämlich »mit entschiedener Verwahrung gegen leichtfertigen Mißbrauch als Schlagwort«, zu dieser Kennzeichnung. Zum problemgeschichtlichen Kontext seiner Begriffswahl s. seine eigene Anm. 6 (ebd., S. 108); vgl. auch *U. Körtner*, Perspektiven Hermeneutischer Theologie im Anschluß an Rudolf Bultmann, BThZ 16 (1999), S. 258-266; hier: S. 260f.

[28] G. Ebeling, Studium der Theologie (s. Anm. 26), S. 173.

[29] Vgl. *Chr. Gestrich/T. Hüttenberger*, Zur Einführung: Theologie und Hermeneutik ums Jahr 2000, BThZ 16 (1999), S. 148-156; bes. S. 149-151 mit einem Rückblick auf die angesprochene Diskussionslage.

cher Überlieferung; da eine empirisch, gar positivistisch herangehende Feldforschung der Umgangssprache und spezieller Sprachspiele unter der Frage ihrer Regelhaftigkeit bzw. -widrigkeit.

Ebeling hat die Unterschiedlichkeit der Ansätze selbst angesprochen: »Unter dem Einfluß allgemeiner philosophischer Sprachauffassungen wird heute intensiv darüber diskutiert, in Europa vorwiegend unter hermeneutischer Fragestellung, im angelsächsischen Bereich primär unter dem Gesichtspunkt der Sprachanalyse; im einen Fall geistes- bzw. geschichtswissenschaftlich orientiert, im andern Fall naturwissenschaftlich und logistisch.«[30] Das Zitat aus dem Aufsatz »Gott und Wort«, erstmals 1966 veröffentlicht, zeigt allerdings Ebelings einseitiges Bild von angelsächsischer Sprachanalyse unter dem Vorurteil naturwissenschaftlicher Methodik. Diese Sicht geht mit einer Ablehnung von Methodik für die Hermeneutik einher[31], wie wir eine solche zeitgleich und theorieverwandt in klassischer Weise bei Gadamer proklamiert finden.[32] Ebelings Urteil rührt zum einen wohl von einer begrenzten Wahrnehmung der angelsächsischen Diskussion her.[33] Zum anderen ist sie von der Kontroverse mit Hans Albert belastet. Noch in der »Einführung in theologische Sprachlehre« von 1971 sieht er in Albert und dem Kritischen Rationalismus eine markante Position der analytischen Sprachphilosophie.[34] Im ganzen ist aber zu jener Zeit seine Beschreibung des Verhältnisses von Hermeneutik und Sprachanalyse[35] schon versöhnlicher gestimmt, insofern er – vornehmlich durch Karl-Otto Apel – das gemeinsame hermeneutische Interesse erkennt.[36]

Um einen kleinen Eindruck von der Sprachanalyse zu vermitteln, die Ebeling versäumt habe, in seine Hermeneutik zu integrieren, greife ich jetzt die Sprechakttheorie heraus und möchte in einem Exkurs einige

[30] G. Ebeling, Gott und Wort (s. Anm. 15), WuG II, S. 402.

[31] Die »Hauptaufgabe der Hermeneutik [ist] nicht die Aufstellung eines Regelsystems, sondern die Erhellung des Wirklichkeitsbezugs von Sprache« (a.a.O., s. Anm. 19, S. 102).

[32] H.-G Gadamer, Wahrheit und Methode (s. Anm. 22).

[33] Die Sprechakttheorie von *John L. Austin*, welche unter der posthumen Veröffentlichung seiner Vorlesung »How to do things with Words« 1962, deutsch »Zur Theorie der Sprechakte«, hrsg. von E. v. Savigny, Stuttgart 1972 (ich zitiere nach der 2. Aufl. 1979), große Verbreitung findet, wird von Ebeling nie zitiert. Bei seiner Charakterisierung der analytischen Sprachphilosophie aus dem Jahre 1966 (s. Anm. 30) beruft er sich auf *J.O. Urmson*, Philosophical Analysis. Its Development between the two World Wars, Oxford (1956) 1965. *Fr. Ferré*, Language, Logic and God, New York 1961. *K.-O.* Apel, Wittgenstein und das Problem des hermeneutischen Verstehens, ZThK 63, 1966, S. 49-87.

[34] A.a.O. (s. Anm. 20), S. 187.

[35] Ebd., S. 183-188.

[36] Ebd., S. 187. – Ebeling bezieht sich hier wie schon 1966 auf den Aufsatz von K.-O. Apel in ZThK (s. Anm. 33).

Aspekte derselben vorstellen. Auch wenn ich dabei Gefahr laufe, für viele nur Altbekanntes zu wiederholen, riskiere ich diesen Einschub – auch deshalb, weil ich auf jene Aspekte an späterer Stelle wieder zurückkommen werde.

Der Oxforder Philosoph John L. Austin hat mit seinen Untersuchungen[37] den Blick dafür geschärft, daß wir mit unseren Worten und Sätzen keineswegs immer nur über etwas informieren, Tatsachen beschreiben oder Behauptungen aufstellen.[38] Ein beträchtlicher Teil unserer Äußerungen sind Sätze, die im Aussprechen einer Tätigkeit diese Handlung selbst ausführen, wie z.B.: »Ich gratuliere dir«, »Ich grüße euch«, »Ich danke dir«, »Ich verspreche dir«, »Ich verzeihe dir«, »Ich ernenne Sie zum/zur ...«, »Ich verurteile Sie zu ...« usw.

Eine weitere Eigenart der performativen Äußerungen ist, daß sie nicht nur Wirklichkeit beschreiben, wie das bei den konstatierenden Aussagen der Fall ist, sondern daß sie die Wirklichkeit selbst schaffen, von der sie reden. Mit dem Satz »Ich ernenne Sie ...« wird eine Ernennung vollzogen. Und mit der Äußerung »Ich verzeihe dir« kommt eine Beziehung wieder zurecht.

In umfangreicher Feldforschung hat Austin nachgewiesen, daß Performative nicht nur durch den Gebrauch bestimmter Verben auftreten. Sie kommen auch in anderer Form zum Ausdruck, wie z.B. durch das »Ja« bei einer Eheschließung[39] oder durch das »Top« bei einer Wette[40] usw. Und noch weiter gehen die Entdeckungen Austins. Auch Sätze in der Form konstatierender Aussagen können Performative sein. So impliziert z.B. der Aussagesatz »Ich werde da sein« den Performativ »Ich verspreche, daß ich da sein werde.«[41] Neben »explizit performativen« Äußerungen gibt es also eine Fülle von »impliziten« Performativen[42]. Was auf den ersten Blick als berichtende oder behauptende Aussage erscheint, gibt sich durch die Betonungen in der gesprochenen Rede oder durch den Zusammenhang im geschriebenen Text in seinem performativen Sinn zu erkennen. Letztlich ist jeder Äußerung ein performatives und ein konstatives Element eigen. So

[37] *J.L. Austin*, Performative und konstatierende Äußerung, in: Sprache und Analysis, hrsg. v. R. Bubner, Göttingen 1968, S. 40-153. Vgl. aber vor allem Austins Vorlesungen How to do things with Words (Anm. 33).

[38] Austin bezeichnet solches Mißverständnis, wonach unsere Sätze immer nur Feststellungen oder Behauptungen über Tatsachen seien, als »deskriptiven Fehlschluß« und kritisiert damit den Geist des Neopositivismus. – Zur Theorie der Sprechakte (Anm. 33), S. 27.

[39] Ebd., S. 28.

[40] Ebd., S. 36.

[41] Ebd., S. 89.

[42] Austin geht von der Annahme aus, daß die impliziten Performative gegenüber den expliziten die »primären« sind (6. Vorlesung).

erfährt Austins Analyse der Umgangssprache eine Ausweitung zu der Unterscheidung der Sprechhandlungen nach ihrem lokutionären, illokutionären und perlokutionären Akt.

Der *lokutionäre* Akt bezeichnet die Handlung, *daß* man etwas sagt; der Sprecher bringt einen Sachverhalt zum Ausdruck[43]. Hingegen heißt *illokutionär* der Akt, den man vollzieht, *indem* man etwas sagt[44], das Feld der Performative. Mit den *perlokutionären* Akten schließlich bewirken die Sprecher etwas bei den Hörern. »Wir bringen sie *dadurch* zustande, *daß* wir etwas sagen«[45].

Ein Beispiel für diese Differenzierung: Lokution – Er hat mir gesagt: »Der Hund beißt.« Illokution – Er hat mich gewarnt, der Hund könnte mich beißen. Perlokution – Er hat mich überzeugt, dem Hund nicht zu nahe zu kommen, weil er beißen könnte.

Austin hat herausgefunden, daß das Gelingen von Performativen vom Einhalten bestimmter Regeln abhängt.[46]

A.1 Es muß ein übliches konventionales Verfahren mit einem bestimmten konventionalen Ergebnis geben; zu dem Verfahren gehört, daß bestimmte Personen unter bestimmten Umständen bestimmte Wörter äußern.

A.2 Die betroffenen Personen und Umstände müssen im gegebenen Fall für die Berufung auf das besondere Verfahren passen, auf welches man sich beruft.

B.1 Alle Beteiligten müssen das Verfahren korrekt

B.2 und vollständig durchführen.

C.1 Wenn, wie oft, das Verfahren für Leute gedacht ist, die bestimmte Meinungen oder Gefühle haben, oder wenn es der Festlegung eines der Teilnehmer auf ein bestimmtes späteres Verhalten dient, dann muß, wer am Verfahren teilnimmt und sich so darauf beruft, diese Meinungen und Gefühle wirklich haben, und die Teilnehmer müssen die Absicht haben, sich so und nicht anders zu verhalten,

C.2 und sie müssen sich dann auch so verhalten.

Die A-Regeln beziehen sich auf die Umstände der Konvention, die B-Regeln auf die Durchführung und die Γ-Regeln auf die Intentionen der am Verfahren beteiligten Personen.

Der amerikanische Philosoph John R. Searle hat die Sprechakttheorie weiterentwickelt.[47] Ich möchte hierzu nur den einen Gesichtspunkt

[43] Ebd., S. 112.

[44] Ebd., S. 117.

[45] Ebd., S. 126.

[46] Ebd., 2.-4. Vorlesung, bes. S. 37.

[47] *J.R. Searle*, Sprechakte. Ein sprachphilosophischer Essay, Frankfurt/M. [6]1994. *Ders.*, Ausdruck und Bedeutung. Untersuchungen zur Sprechakttheorie, Frankfurt/M. [3]1993.

erwähnen: daß er von Austins Differenzierung zwischen Performativen und Konstativen ausgehend zur Unterscheidung zwischen institutionellen und natürlichen Tatsachen gelangt ist.[48] Institutionelle Tatsachen wie alle Spiele, Verträge, Beschlüsse, Gerichtsverfahren, Feiern, politische Strukturen, alle Institutionen, so auch das Geld usw. usf. kommen durch Sprechakte zustande.

Nach diesen Einblicken in die Sprechakttheorie stellt sich die Frage: Was hätte Ebelings Hermeneutik gewonnen, wenn sie solche Sprachanalyse in ihr Konzept integriert hätte? Uns wird diese Frage noch an spätere Stelle beschäftigen. Zwei Punkte seien aber bereits hier benannt.

Für Ebeling spielt der Machtcharakter der Sprache eine große Rolle: nicht erst im Hinblick auf die Vollmacht des Gotteswortes, wie sie sich in der Wirksamkeit des Wortgeschehens Evangelium erweist, sondern schon im Hinblick auf den großen Strom von Wortgeschehen, in dem jeder Mensch steht und dieser die Sprachlichkeit seiner menschlichen Existenz ausmacht. Im Kontext der Sprachphilosophie, die Ebeling prägt, verselbständigt sich »die Sprache« zu einer selbsttätigen Wesenheit, wie Sauter zutreffend beobachtet.[49] Wird hier – so stellt sich die Frage – die Sprache in eine mythische Aura gehüllt? Und sieht sich eine solche Verklärung von Sprache um so mehr in ihrer Auffassung bestätigt, als sie sich von einer unerträglich empfundenen reduktionistischen Kultur unter dem Diktat eines naturalistischen Erklärungsinteresses[50] umgeben sieht? Die Sprechakttheorie steht mit ihrer Methodik und ihren Einsichten weder der einen noch der anderen Einseitigkeit zu Diensten. Vielmehr trägt sie mit der Analyse der gewachsenen Regelhaftigkeit der Sprachpraxis zur Aufhellung des Wirklichkeitsbezugs und der Wirklichkeit schaffenden Macht der Sprache bei.[51]

Und ein Zweites: Unter der Orientierung an Austins idealtypischer Unterscheidung zwischen Konstativen und Performativen entlarvt sich die Alternative, die die Kontroverse Albert–Ebeling beherrscht hat – hier naturwissenschaftliches Erklären, dort hermeneutisches Verstehen – als ein viel zu grobschlächtiges Muster. Dieses dichotomische Raster scheitert z.B. an Searles Unterscheidung von natürlichen und institutionellen Tatsachen. Im Erfassen der Wirklichkeit, welche die Geistes- und die Gesellschaftswissenschaften untersuchen, greifen Verstehen und Erklären ineinander.

48 J.R. Searle, Sprechakte (s. Anm. 47), S. 78-83.

49 *G. Sauter*, Art. Philosophische und theologische Hermeneutik, EKL^3 II (1989), S. 496-502; hier: S. 500.

50 G. Ebeling, Kritischer Rationalismus? (s. Anm. 19), S. 2.

51 Vgl. Austins Kritik am Geist des Positivismus mit seinem »deskriptiven Fehlschluß« in dem Irrtum, alle Sprache sei nur Beschreibung von Wirklichkeit, nur konstativ (s. Anm. 33, S. 27).

I.2.2 »Postmoderne« Verabschiedung einer Orientierung am »Wort«

Vorzustellen sind jetzt die Einwände von Wolfgang Nethöfel[52], die er im Rahmen seines Hermeneutik-Programms gegen die Hermeneutische Theologie im ganzen vorbringt und dabei gerade auch auf Ebelings Konzept zielt. Er kritisiert grundsätzlich die Fixierung dieser Hermeneutik auf das »Wort«, die am Ende der Gutenberg-Ära im Zeitalter der elektronischen Medien überholt sei. Die »Hermeneutische Theologie« habe sich »der neuzeitlichen hermeneutischen Grundkonstellation von Wort, Begriff und Sache« verschrieben[53] und darin auf die rein spirituelle Sinnfrage eingeengt.
In den Augen Nethöfels vollzieht sich im Zeichen der Postmoderne ein Paradigmenwechsel von der »Hermeneutischen Theologie« zur »Theologischen Hermeneutik«, – so etikettiert er programmatisch den Wandel.[54] Seinen Beitrag dazu stellt er dar als »eine Konzeption von Orientierung, die paradigmatisch auf die Vermittlung und Speicherung von Mustern bezogen ist und es ermöglicht, Konsequenzen des Medienwandels theoretisch und methodisch zu erfassen.«[55] Der Begriff »Muster« erhält dabei eine zentrale Funktion und findet auch Eingang in seinen Medien-Begriff. »Medien sind gestaltbildende Musterspeicher im konsensuellen Milieu.«[56] Und er erklärt dazu: »In der Regel überlagern sich verschiedene Medien zu einem Konsensualitätssystem, das sich gerade durch seine internen Differenzen stabilisiert, d.h. durch die Abgrenzung zwischen verschiedenen Übermittlungs- und Speicherungssystemen. In diesem Sinne sind von der Körperoberfläche über die Sprache, die Schrift und die Technik heute alle Medien auch an der christlicher (sic!) Identitätsbildung beteiligt. Und vor die-

52 *W. Nethöfel*, Theologische Hermeneutik. Vom Mythos zu den Medien, Neukirchen-Vluyn 1992; *ders.*, Ethik zwischen Medien und Mächten. Theologische Orientierung im Übergang zur Dienstleistungs- und Informationsgesellschaft, Neukirchen-Vluyn 1999. Vgl. auch *ders.*, Strukturen existentialer Interpretation. Bultmanns Johanneskommentar im Wechsel theologischer Paradigmen, Göttingen 1983; *ders.*, Vom Mythos zu den Medien. Christliche Identität im konsensuellen Wandel, in: H.H. Schmid (Hg.), Mythos und Rationalität, Gütersloh 1988, S. 310-332.

53 W. Nethöfel, Theologische Hermeneutik (s. Anm. 52), S. 243.

54 W. Nethöfel (ebd.) versteht sich mit seinem Buch als Epochenwende und Paradigmenwechsel, als Anzeige »des Übergangs vom Paradigma Hermeneutischer Theologie zur Theologischen Hermeneutik« (ebd., S. 251). Das alte Paradigma sei zu ›dekonstruieren‹. »Diese historische Rekonstruktion ist zugleich eine Dekonstruktion des gegenwärtig vorherrschenden Paradigmas Hermeneutischer Theologie im Dienste der paradigmatischen Konstruktion Theologischer Hermeneutik« (ebd. V).

55 Ebd., S. 243.

56 Ebd., S. 271. Den Ausdruck »konsensuelles Milieu« nimmt Nethöfel von Maturana auf (ebd.).

sem Hintergrund werden nun auch die elektronischen Medien, die zunehmend unsere kulturelle Gegenwartssituation bestimmen, zum Thema christlicher Theologie.«[57]
Überraschenderweise spielen aber die elektronischen Medien in seiner Theologischen Hermeneutik kaum eine Rolle.[58] Im Vordergrund stehen auch bei Nethöfel Texte. Sie werden einer vornehmlich poststrukturalistischen Interpretation unterzogen. In den biblischen Texten, dann aber auch in der Körperlichkeit der Kirche und in der Architektur von Kathedralen kommt »das Christusparadigma als Grundmuster christlicher Tradition« zur Geltung.[59] Dieses verdankt »sich zwar einer singulären Medienkonstellation«: nämlich der Sprache in einer semiliteralen Gesellschaft. Diese kulturelle Konstellation bildet es auch ab und speichert sie (›logos‹, ›Wort‹), ist »aber dennoch nicht daran gebunden«.[60] Orientierung am Christusparadigma – so könnte man die inhaltliche Ausrichtung der »Theologischen Hermeneutik« Nethöfels auf den Begriff bringen. Für diese Zielstellung ist die Heilige Schrift bleibend der »Ausgangspunkt prägnanter Neuorientierungen«[61]. Dennoch muß sie über den »Bücher-Christus«[62] hinausgelangen. Wohin? Nethöfel formuliert vielsagend – oder auch nichtssagend: »Im konsensuellen Milieu, das Menschen miteinander und diese mit der Natur verbindet, erscheint das Christusparadigma als mediale Interferenz. Postmodern heißt dies: Eben in der Art und Weise, wie alt und neu, fern und nah einander zugeordnet werden, die in unterschiedlicher medialer Repräsentation unsere Körpergrenzen berühren,

57 Ebd., S. 271f.
58 Wo sich Nethöfel zum Computer äußert, kann man sehen, wie diese Darstellung von seiner Mediendefinition geleitet ist: »Mit einem gewissen Recht konnte man das Buch den Computer des 15. Jahrhunderts nennen – aber dann wird schlagartig deutlich, daß der Computer heute die Ablösung der Schrift durch die elektronische Musterspeicherung signalisiert. Dies tritt durch den graphischen Zugriff auf Genmuster-›Bibliotheken‹, durch die analogen Steuerungs- und Konstruktionstechniken nur an die Oberfläche, und es wird eher in ein exotisches Licht getaucht durch die ersten Experten-Systeme, die direkt auf Sprachmuster reagieren. Die ›künstliche Intelligenz‹ der Computer war immer schon unsere externalisierte natürliche Intelligenz. Sie deutet eher das Ende eines Übergangszeitalters an, das man zugleich als technisch ermöglichte volle Literalität wie als literal noch gebundene Semi-Technizität kennzeichnen könnte. Insofern verweisen die Computer auf das, was die elektronischen Medien im Kern sind: Musterspeicher; und diese weisen über das, was die Computer gerade lernen – Gestalten zu erkennen und zu produzieren –, voraus auf das, was sie noch werden können: biotechnisch externalisiertes Leben.« (Ebd., S. 268-269)
59 Ebd., S. 272.
60 Ebd.
61 Ebd., S. 282.
62 Ebd., S. 280.

kommt Christus zu uns.«[63] »Daß das Christusparadigma orientiert, liegt nicht bei uns.«[64]

I.2.3 Rezeption von Texten statt Interpretation von Wortgeschehen

Ich komme auf die rezeptionsästhetisch orientierte Hermeneutik in der Theologie zu sprechen.
Diese teilt mit der literarischen Hermeneutik die Einsicht, die »qualitative Differenz zwischen mündlicher und schriftlicher Kommunikation« zu bedenken. »Das Verstehen von Texten, bei denen es sich um materielle Artefakte handelt, vollzieht sich grundsätzlich anders als Verstehensvorgänge im Vollzug mündlicher Kommunikation. Mit der Verschriftlichung gewinnt ein Text sowohl gegenüber seinem Autor, seiner Autorin als auch gegenüber seinen Leserinnen und Lesern eine Autonomie, die durch keine Interpretation, weder durch diejenige des Autors noch diejenige der Leser, rückgängig gemacht werden kann.«[65] Dieser Grundsatz führt zu einer kritischen Distanz gegenüber der Literarkritik, die bisher in der Exegese, so auch bei Bultmann und seiner Schule, einen großen Raum eingenommen hatte. Das heißt nicht zwangsläufig, alles Fragen hinter den kanonischen Text zurück nach vorausliegenden Texteinheiten und ihren Gattungen abzuschneiden oder zumindest auszublenden, wie dies Ludger Schenke mit seinem Johanneskommentar vorgemacht hat.[66] Die formgeschichtliche Problemstellung z.B. behält Gewicht. Aber sie wird korrigiert. Nach Ulrich H.J. Körtner[67] besteht der »Fehler der älteren Formgeschichte ... darin, die Untersuchung literarischer Formen in unzulässiger Weise mit überlieferungsgeschichtlichen Fragestellungen verknüpft zu haben. Auf diese Weise ist die Fiktion erzeugt worden, als gebe es die Möglichkeit, den Zugang zum historischen Jesus über eine *oral history* zu gewinnen. Der Übergang von der Oralität zur Literalität aber führt zur Veränderung der Formen, weil diese nun nicht mehr den

63 Ebd., S. 284.

64 Ebd., S. 283.

65 *U. Körtner*, Historischer Jesus – geschichtlicher Christus. Zum Ansatz einer rezeptionsästhetischen Christologie, in: *K. Huizing/U. Körtner/P. Müller*, Lesen und Leben. Drei Essays zur Grundlegung einer Lesetheologie, Bielefeld 1997, S. 99-135; hier: S. 127.

66 *L. Schenke*, Johannes, Düsseldorf 1998. Vgl. auch die Vorarbeiten, *ders.*, Das Johannesevangelium. Einführung – Text – dramatische Gestalt, Stuttgart u.a. 1992.

67 Vgl. *U. Körtner*, Formgeschichte und Rezeptionsästhetik. Zur Bedeutung der literarischen für die biblische Hermeneutik, in: *ders.*, Der inspirierte Leser. Zentrale Aspekte biblischer Hermeneutik, Göttingen 1994, S. 114-136. Dort auch Literaturhinweise zur Forschungsdiskussion über die Formgeschichte, auf die sich Körtner bezieht.

Kommunikationsgesetzen mündlicher Rede, sondern schriftlicher Texte genügen müssen.«[68]
Wie das Zitat zeigt, wirkt sich die Korrektur der Formgeschichte bis auf die Christologie aus. Wo es um die Gegenwartsbedeutung Jesu geht, verweist die theologische Rezeptionsästhetik an die Evangelientexte in ihrer ästhetischen Qualität als materielle und in sich autonome Artefakte. »Was es bedeuten soll, daß Jesus von Nazareth der Christus ist, hat sich demnach immer neu in Akten des Lesens zu erweisen«.[69] Es läßt sich nicht aus der Rekonstruktion der Entstehung der Texte ableiten. Bei den Leseakten werden die Leser in die von Jesus erzählte Geschichte verstrickt.[70] Für eine rezeptionsästhetische Christologie ist das Extra nos des Glaubensgrundes nicht im Konstrukt eines »historischen Jesus« gegeben, sondern im Bild Christi, das den Lesern im Akt des Lesens der Evangelien entgegentritt. Beim Akt des Lesens vollzieht sich ein Sich-neu-Verstehen des lesenden Subjekts vor den neutestamentlichen Texten. »Die Verwandlung des Ich« in diesem Prozeß »bedeutet, daß das Ich in das Bild Christi verwandelt wird. Eine rezeptionsästhetische Christologie verharrt also nicht in der bloßen Betrachtung des Bildes Christi, sondern vollendet sich in der mimetischen Existenz des Glaubens.«[71]
Hermeneutische Theologie hat sich hier als »Lesetheologie«[72] im Kontext von Christentum als »Buchreligion« positioniert: »Der alte Verbalismus muß abgelöst werden durch die Schule einer neuen Skriptologie«.[73] Die kritische Spannung zu Ebelings Hermeneutik des Wortgeschehens sticht ins Auge.[74]

[68] U. Körtner, a.a.O. (s. Anm. 65), S. 106.
[69] Ebd., S. 108.
[70] Ebd.
[71] Ebd., S. 130.
[72] So im Untertitel des Buches (ebd., s. Anm. 65).
[73] Ebd., S. 7.
[74] Zum Beispiel *K. Huizing*, Homo legens. Vom Ursprung der Theologie im Lesen, Berlin 1996, wirft der Hermeneutik Ebelings und dem ihr eigenen »oralistische(n) Duktus« (S. 87) eine »Überlegenheitsunterstellung des Wortes, des solo verbo« vor, für welche die »textuelle Verfaßtheit der Schrift ... noch unausgeschöpft« bleibt (S. 90).

II. Zum Zeitalter der neuen Medien – seine Leitmedien in ihrer Kompatibilität mit dem Medium Sprache

II.1 Symptome einer medialen Wende

Auf der Basis von Elektrotechnik und später Elektronik kommt es im 20. Jahrhundert zu einer medientechnischen Revolution[75], die den kanadischen Anglisten und Literaturhistoriker Marshall McLuhan (1911-1980) veranlaßt, vom Ende der Gutenberg Galaxis und vom Anbruch des elektrischen Zeitalters zu reden[76]. Der Wandel der Medien zieht eine medientheoretische Wende nach sich[77], die seit den sechziger Jahren in die Öffentlichkeit tritt und von Schlagworten wie »Ende des Buchzeitalters«, »Überwindung der Schrift«, »Materialität der Kommunikation«[78] gekennzeichnet ist. Die Technik des Mediums erfährt eine bis dahin ungewohnte Aufmerksamkeit; denn die konstitutive Funktion der Medien für die menschliche Wahrnehmung wird durchschaut: Erkenntnis der Wirklichkeit und Wissen von der Welt bilden sich in Abhängigkeit von Medien.[79] Einer rein instrumentalistischen Medienbetrachtung ist damit der Abschied gegeben. Die Schrift in Zeitung und Buch, der Hörfunk oder das elektronische Bild des Fernsehens sind nicht mehr bloß als Vehikel zur Übertragung von Information interessant. Das Medium tritt selbst als sinnbildender Faktor ins Blickfeld.

Die medientheoretische Wende verdankt ihre öffentliche Durchschlagskraft nicht unwesentlich der Wirkung des provozierenden Satzes von McLuhan: »Das Medium ist die Botschaft.«[80] Seine Bedeutung erschließt sich[81] in mehrfacher Hinsicht. Zum einen: die Bot-

[75] Zu Beginn des 20. Jahrhunderts werden technische Medien wie Fotoapparat, Grammophon, Telegraphie, Kinematographie eingeführt. Dann kommen das elektronische Bild mit dem Siegeszug der Television und bald darauf die Digitaltechnik mit der Entwicklung des Computers.

[76] *M. McLuhan*, The Gutenberg Galaxy. The Making of Typographic Man, Toronto 1962; deutsch: Die Gutenberg Galaxis. Das Ende des Buchzeitalters, Düsseldorf/Wien 1968 (Bonn/Paris 1995); *ders.*, Understanding Media. The Extensions of Man, New York 1964; deutsch: Die magischen Kanäle, Düsseldorf/Wien 1968 (Düsseldorf/Wien 1992) – ich zitiere nach der Ausgabe Dresden/Basel 1994.

[77] Vgl. dazu z.B. *P. Koch/S. Krämer* (Hg.), Schrift, Medien, Kognition. Über die Exteriorität des Geistes, Tübingen 1997, S. 9-26.

[78] *H.U. Gumbrecht/K.L. Pfeiffer* (Hg.), Materialität der Kommunikation, Frankfurt/M 1988.

[79] Vgl. *A. Assmann/J. Assmann*, Schrift-Kognition-Evolution. Eric A. Havelock und die Technologie kultureller Kommunikation, in: E.A. Havelock, Schriftlichkeit. Das griechische Alphabet als kulturelle Revolution, Weinheim 1990, S. 2.

[80] M. McLuhan, Die magischen Kanäle (s. Anm. 76), S. 21-43.

[81] Zu McLuhans aphoristischer, »mosaikartiger« Schreibweise von Büchern in einer Zeit, da er dieses Medium und seine lineare Diskursivität schon für überholt

schaft eines Medium ist nicht sein Inhalt, sondern das, was das Medium mit dem Menschen macht. Am Beispiel des elektrischen Lichts verdeutlicht McLuhan, wie das Medium die menschliche Wahrnehmung von Raum und Zeit verändert und damit »Ausmaß und Form des menschlichen Zusammenlebens gestaltet und steuert«.[82] Der Satz kann aber auch heißen: die Medien organisieren die Wahrnehmung der Menschen und geben somit die Sicht der Welt vor.[83] Und McLuhan behauptet gar: im Zeitalter der Elektrizität fallen Medium und Botschaft zusammen. »Denn der ›Inhalt‹ eines Mediums ist mit dem saftigen Stück Fleisch vergleichbar, das der Einbrecher mit sich führt, um die Aufmerksamkeit des Wachhundes abzulenken«.[84]

Wir werden die Entfaltung des Satzes »Das Medium ist die Botschaft« gleich noch weiterverfolgen. Im Moment mögen die aufgezeigten Bedeutungen genügen, um anzuzeigen, wie sich an solcher Neubewertung der Medien für McLuhan weitere markante, aber hier nicht mehr auszuführende Ansichten anschließen können: zum einen die Bedeutung der Medien als Ausweitung des menschlichen Körpers[85], zum anderen die Vision eines Global Village[86].

Im Zeichen heutiger Computertechnik und der dadurch erreichten internationalen Vernetzung mögen die Thesen McLuhans vom globalen Zusammenrücken und von der Externalität des Körperlichen – Thesen, die ja vor allem unter dem Eindruck der Entwicklung des elektronischen Bildes im Fernsehen entstanden sind –, neue Bestätigung finden. Wie steht es aber heute um die Überzeugungskraft der Formel vom Medium als Botschaft? Und greift im Hinblick auf den Computer überhaupt noch der Medien-Begriff, wo im Modus des Digitalen Text, Bild und Ton verschmelzen, »so daß von klassischen Einzelmedien immer weniger gesprochen werden kann«[87]?

Ich möchte mit diesen Fragen die offene Diskussionslage in der Medientheorie andeuten. Beantworten müssen wir sie jetzt nicht. Wir könnten das auch nicht leisten. Denn wir würden darüber nur in das

hält und eine mehrdimensionale Sicht der Dinge fordert, vgl. *E. Spahr*, Magische Kanäle. Marshall McLuhan, in: *D. Kloock/E. Spahr*, Medientheorien. Eine Einführung, München 1997, S. 42f und 55.

82 Ebd., S. 23.

83 D. Kloock/E. Spahr, a.a.O. (s. Anm. 81), S. 9.

84 M. McLuhan, Die magischen Kanäle (s. Anm. 76), S. 38.

85 »The Extensions of Man« – so der Untertitel seiner Schrift in der amerikanischen Ausgabe (vgl. Anm. 76).

86 Durch die neue Medientechnik rückt die ganze Welt zusammen, eine neue Stufe der Körperausweitung. »Es ist das Bild des Goldenen Zeitalters als einer Welt der vollständigen Metamorphose oder Übertragung der Natur in menschliche Kunst, die sich unserem Zeitalter der Elektrizität nun eröffnet.« (Die magischen Kanäle [s. Anm. 76], S. 100).

87 D. Kloock/A. Spahr, a.a.O. (s. Anm. 81), S. 7.

noch umfassendere Problem des ungeklärten Medien-Begriffs[88] hineingeraten. Zur offenen Diskussionslage gehört schließlich die unterschiedliche emotionale Einstellung in der kulturellen Wertung der Medienentwicklung. Sie bewegt sich in der Spannung von Euphorie und Hysterie. Gerade in der Beurteilung der kulturellen Rolle des Mediums Sprache, und dabei nochmals unterschieden in der Wertung von Oralität oder Literalität, tut sich eine Weite von optimistischen Visionen bis zu Verfallstheorien auf.

II.2 Die neuen Leitmedien in ihrer Kompatibilität mit dem Medium Sprache

Das Fernsehen als Leitmedium für die zweite Hälfte des 20. Jahrhundert und der Computer[89], der inzwischen als das Leitmedium der Zukunft apostrophiert wird[90], rücken nun in den Mittelpunkt der Betrachtung und sollen unter der Themenstellung des Vortrags daraufhin

[88] Über den Inhalt des Medienbegriffs entscheidet die Zugangsweise des Definierens: technologisch, kommunikationswissenschaftlich, kulturwissenschaftlich, konstruktivistisch, semiotisch usw. Vgl. *H.H. Hiebel* u.a., Die Medien. Logik – Leistung – Geschichte, München 1998; *W. Holly/B.U. Biere* (Hg.), Medien im Wandel, Opladen/Wiesbaden 1998; D. Kloock/A. Spahr, a.a.O. (s. Anm. 81); P. Koch/S. Krämer (Hg), a.a.O. (s. Anm. 77); *S. Krämer* (Hg.), Medien, Computer, Realität. Wirklichkeitsvorstellungen und neue Medien, Frankfurt/M 1998; *N. Luhmann*, Die Realität der Massenmedien, Opladen ^{2}1996; *K. Merten* u.a. (Hg.), Die Wirklichkeit der Medien. Eine Einführung in die Kommunikationswissenschaft, Opladen 1994; *W. Nöth/K. Wenz* (Hg.), Medientheorie und die digitalen Medien, Kassel 1998; *S. Schmidt*, Kognitive Autonomie und soziale Orientierung. Konstruktivistische Bemerkungen zum Zusammenhang von Kognition, Kommunikation, Medien und Kultur, Frankfurt/M. ^{2}1996; *D. Schöttker* (Hg.), Von der Stimme zum Internet. Texte aus der Geschichte der Medienanalyse, Göttingen 1999; *G. Vattimo/W. Welsch* (Hg.), Medien-Welten, Wirklichkeiten, München 1998.

[89] Die Online-Kommunikation wird gar als das »Leitmedium des neuen Milleniums« gefeiert (vgl. *P. Rössler*, Online-Kommunikation. Beiträge zu Nutzung und Wirkung, Opladen/Wiesbaden 1998,7).

[90] *H. Walitsch*, Computer, in: H.H. Hiebel u.a., a.a.O. (s. Anm. 88), S. 227. – Walitschs Ausführungen vermitteln einen Eindruck von den definitorischen Schwierigkeiten, wenn unter einem primär technischen Verständnis der Computer überhaupt als Medium begriffen werden soll: »Erst zur Mitte der achtziger Jahre sind Rechnerleistung und Speicherkapazitäten soweit entwickelt, daß sie die Verarbeitung analoger optischer und akustischer Information in digitalisierter Form ermöglichen. Und erst ab diesem Zeitpunkt dürfen wir vom Computer als einer medienähnlichen Technologie sprechen, die Dinge leistet, die den echten Medien vergleichbar sind, nämlich das Verarbeiten (Aufnehmen, Speichern und Reproduzieren) analoger optischer und akustischer Information« (ebd., S. 243, vgl. S. 244). – Zur Diskussion um den »Computer als Medium« vgl. S. Krämer (Hg.), a.a.O. (s. Anm. 88), S. 95-168.

beleuchtet werden, welche Rolle das Wort, besser: die Sprache – als mündliche wie als schriftliche – unter ihrer kulturellen Dominanz spielt bzw. wie kompatibel das sprachliche Medium zu den genannten Leitmedien ist.

II.2.1 Das Fernsehen

Um die Problemstellung, die sich bei diesem Medium ergibt, anzuzeigen, knüpfe ich wieder bei dem Satz an: »Das Medium ist die Botschaft«. McLuhan erklärt weiter: Die elektronischen Kanäle mit ihrer direkten Erreichbarkeit für Auge und Ohr ermöglichen ein unmittelbares, totales Erfassen.[91] Zum einen thematisiert McLuhan an dieser Beobachtung das Phänomen der Reizüberflutung[92], die unsere visuelle Wahrnehmung durch das elektronische Bild erlebt. Zum anderen entwickelt er daran seine These vom Erfassen der Gesamtwirklichkeit[93], deren spezielle Weiterführung in der optimistischen Wertung des Fernsehens uns noch beschäftigen wird.

Über McLuhan hinaus hat der Satz »Das Medium ist die Botschaft« zu weiteren Einsichten angeregt. Nehmen wir z.B. die für uns alle bekannte Erfahrung, wie abträglich es für eine Nachrichtensendung im Fernsehen ist, wenn die News vorgelesen werden. Vielmehr müssen sie ins Bild gesetzt werden. So rückt das szenische Bild in den Vordergrund; die sprachliche Information bildet den Backround. Unter dem Diktat der Medienkonformität schrumpft der Informationsgehalt einer viertelstündigen Nachrichtensendung auf eine halbe Zeitungsseite zusammen. Die Anpassung des Inhalts geht beim elektronischen Bildmedium soweit, daß das, was in den Medien kommuniziert wird, zum Teil des Mediums selbst werden muß.

Der Soziologe Niklas Luhmann[94] hat im Blick auf die Massenmedien das angezeigte Problem auf seine Weise[95] fortgeschrieben und von ihrer Selbstreferenz gesprochen[96].

Die Selbstreferenz der Massenmedien hat viele Facetten. Ich greife jetzt den der Selbstthematisierung heraus. Luhmann erklärt: Die Nachrichtensendungen bestehen neben Kommentaren zum großen Teil aus der Vorführung der Aktualität des Mediums, seiner nachforschenden und enthüllenden Gewalt und dem Angewiesensein der Gesellschaft

[91] McLuhan, Die magischen Kanäle (s. Anm. 76), S. 30. – McLuhan verdeutlicht diesen Aspekt am Beispiel des Kubismus (ebd.).

[92] Ebd., S. 35.

[93] Ebd., S. 30.

[94] N. Luhmann, Die Realität der Massenmedien (s. Anm. 88).

[95] Für Luhmann geht es hierbei zugleich um seine These von der Autopoiesis des Subsystems der Massenmedien (vgl. ebd., S. 22.32.34.49.126-129).

[96] Vgl. ebd., bes. S. 24-31.

auf das Medium. Korrespondenten befragen andere Korrespondenten nach ihren Arbeitsbedingungen und Meinungen. »Ein erheblicher Teil des Materials für Presse, Hörfunk und Fernsehen kommt dadurch zustande, daß die Medien sich in sich selbst spiegeln und das wiederum als Ereignis behandeln«. Es handelt sich »um Ereignisse, die gar nicht stattfinden würden, wenn es die Medien nicht gäbe.«[97]

Bleiben wir beim Vergleich des Leitmediums Fernsehen mit dem Medium Sprache. Auf den ersten Blick tut sich eine große Diskrepanz auf. Beim elektronischen Bildmedium dominiert Selbstreferenz: da ist das Medium die Botschaft; bei der Sprache hingegen Fremdreferenz: dort ist das Wort oder besser der Satz das Transportmittel für eine Botschaft, für die Aussage des Satzes, für die Proposition, für den Informationsgehalt. Aber man darf sich von diesem ersten Eindruck nicht täuschen lassen. Denn bei näherem Hinschauen werden schnell Ähnlichkeiten sichtbar, gar strukturelle Kopplungen[98], die uns dann doch bei weiterem Nachprüfen wieder tiefgreifende Verschiedenheiten offenbar machen werden.

Zunächst zu den Ähnlichkeiten zwischen beiden Medien. Sie bestehen schon darin, daß sich die Ansichten über die jeweilige mediale Eigenart korrigieren müssen und dabei aufeinanderzubewegen.

[97] Ebd., S. 69f.

[98] Ich nehme den Begriff der strukturellen Kopplungen von *N. Luhmann*, Die Wissenschaft der Gesellschaft, Frankfurt/M. 1990, S. 38-41, auf und beziehe ihn auf die Beschreibung von Verhältnissen zwischen Medien. Mir ist dabei bewußt, daß ihn Luhmann nur für die Bezeichnung von System-zu-System-Beziehungen anwendet (S. 41). »Die Evolution muß strukturelle Kopplungen einrichten, entsprechende Arrangements etablieren können, wenn es gelingen soll, autopoietische Systeme auszudifferenzieren. Über spezifische strukturelle Kopplungen erreicht sie ein höheres Kombinationsniveau von Unabhängigkeit und Abhängigkeit, kann sie Independenzen und Interdependenzen aneinander steigern, kann sie die wechselseitigen Irritationen in Formen bringen, die gesteigerte Sensibilität bzw. Betreffbarkeit durch Umweltausschnitte erzeugen bei hoher Indifferenz gegen alles andere« (ebd.). Der Begriff »strukturelle Kopplung« steht also bei Luhmann für Beziehungen zwischen Funktionssystemen, genauer: in ihren autopoietischen Operationen (ebd.) und nicht für Beziehungen zwischen verschiedenen Medien (»Medien« hier freilich nicht verstanden als autonomisierte Sozialsysteme wie Verlage, Fernsehanstalten usw.). Denn die Medien stellen je für sich nach Luhmann nicht ein System dar. Allerdings sieht er die Massenmedien insgesamt als Funktionssystem an; und er kann dann auch strukturelle Kopplungen zwischen dem System Massenmedien und anderen Systemen wie Politik, Wissenschaft, Sport, Kunst usw. beobachten (Die Realität der Massenmedien [s. Anm. 88], S. 177-129). – Bemerkenswert ist auch, daß Luhmann den Begriff, so wie er ihn herleitet, eigentlich aus der Medienwelt (-technik) entnimmt: »Strukturelle Kopplungen übersetzen *analoge* Verhältnisse in *digitale*« (Die Wissenschaft der Gesellschaft, S. 39).

Beim elektronischen Bild hatte man schon bald gegen McLuhans Diktum »Das Medium ist die Botschaft« den Einwand erhoben[99]: so eindeutig fielen gar nicht Botschaft und Medium zusammen. An den Informationssendungen des Fernsehen kann man ja sehr schnell sehen, daß die Botschaften keineswegs einfach aufgehen im Medium. Und selbst die im Fernsehen sich immer weiter ausbreitenden Werbespots haben bei aller angezielten Unterhaltung ihre Botschaft. Wäre dem nicht so, hätte die Wirtschaft schon lange dieses kostenaufwendige Marketing eingestellt.[100]
Und die Verschiedenheit der Sprache zum elektronischen Bild, soweit man dasselbe unter dem Diktum McLuhans sieht, erscheint nur dann so gravierend, wenn man die Sprache einseitig als Informationsmedium versteht: Sprache transportiere Inhalte. Jedoch ist es einseitig, das sprachliche Medium nur unter diesem Aspekt zu sehen; freilich eine für unsere Kultur charakteristische Einseitigkeit.[101] Sprache ist nicht nur Informations-, sondern wesentlich auch Beziehungssprache. Bei letzterer handelt es sich um dieselbe, mit der Menschen Informationen speichern und weitervermitteln. In der Pragmatik der Sprache aber, deren Regelhaftigkeit z.B. die Sprechakttheorie analysiert, artikulieren sich die kommunikativen Interaktionen unter den Menschen. Und wenn wir die Pragmatik der Sprache näher besehen, werden wir feststellen, daß auch dort sehr wohl das Medium – Sprache – bis zu einem gewissen Grad die Botschaft selbst ist.
Am deutlichsten wird das an den expliziten Performativen, also an den Äußerungen, die das vollziehen, wovon sie sprechen. Ich erinnere an die obigen Beispiele. Im Performativ ist die Botschaft nicht ablösbar von dem Satz, wie das bei einer Aussage der Fall ist, welche selbst nur das Transportmittel für diese darstellt. Vielmehr ist im Performativ das Medium bis zu einem gewissen Grad die Botschaft selbst. Ich schränke ein: »bis zu einem gewissen Grad«; denn natürlich fallen hier Medium und Botschaft nicht ununterscheidbar ineinander. So besteht der Inhalt eines Performativs eben nicht nur in der Äußerung »ich spreche

99 Vgl. zur bald einsetzenden Faszination von McLuhans Thesen sowie Rezeption und kritischen Diskussion: *G.E. Stearn* (Hg.), McLuhan, für und wider, Düsseldorf/Wien 1967.

100 Konsequent behandelt auch Luhmann die »Werbung« als Bestandteil (Programmeinheit) des Systems Massenmedien, welches über den Code Information/Nichtinformation agiert und sich ausdifferenziert (Die Realität der Massenmedien, S. 36).

101 Vgl. Austins Kritik am »deskriptiven Fehlschluß« (s. Anm. 33), aber auch Jürgen Habermas, Theorie des kommunikativen Handelns. 2 Bde., Frankfurt/M. 1987/88, mit seiner Kultur- und Gesellschaftskritik im Hinblick auf die »Kolonialisierung der Lebenswelt« durch Zweckrationalität und ihre Sprache (I, S. 367-452).

dich an«[102]. Vielmehr wird an den Beispielen wie »Ich ernenne Sie zum/zur ...« und »Ich verurteile Sie zu ...« sichtbar, welch unterschiedliche Botschaft die Performative haben können.[103] Sowenig also die Botschaft durch das Medium der performativen Äußerung schon festgelegt ist, bleibt es dennoch bei der Eigenart jener Sprechakte, daß sie im Aussprechen eben diese Handlung ausführen, von der sie reden. Mögen die Medien Sprache und elektronisches Bild auch noch so verschieden sein, bestehen zwischen ihnen dennoch Ähnlichkeiten, mehr noch: strukturelle Kopplungen.

Aber gerade wenn man diese wahrnimmt, tritt dann um so mehr eine neue Diskrepanz zwischen beiden ins Blickfeld.

Das Fernsehen baut in Filmen[104] wie in Talkshows durchaus und in großem Umfang die Beziehungssprache ein: die Sprache als zwischenmenschliche Kommunikation in expliziten und impliziten Performativen.[105] Dennoch besteht das Problem beim Fernsehen bekanntlich darin, daß es – nicht zuletzt auf Grund seiner visuellen Faszination[106] – dazu verführt, den Zuschauern menschliche Kommunikation vorzuführen, und nicht selten davon abhält, Kommunikation zu praktizieren. Es ist dies sicherlich ein empirisch schwer zu verifizie-

102 So wichtig auch eine solche Sprachhandlung, in der Botschaft und Medium zusammenfallen, für die Beziehung zwischen Menschen sein mag (s.u.).

103 Damit berühren wir die in der wissenschaftlichen Sprachanalyse geführte Diskussion um den sog. propositionalen Gehalt von Performativen. – Der unterschiedliche propositionale Gehalt hat dann freilich seine weittragenden Auswirkungen auf die je verschiedene *Wirklichkeit*, die – typisch für Performative – durch diese *geschaffen* wird!

104 »... in unterhaltend fiktionalen Genres wie Spielfilmen, Krimis und Soaps, d.h. in verdichteten und typisierten Inszenierungen gelebten Lebens« (*G. Thomas*, Beobachtungen einer öffentlichen Religion. Fernsehen als kulturelles Leitmedium, in: Praktische Theologie 34, 1996, S. 54-65, hier: S. 62).

105 Freilich stoßen wir hierbei – 1. Beobachtung – auf das Problem der Bildkonformität von Sprache: In Talkshows wird das Gespräch bzw. die Diskussion in Szene gesetzt (Teilnehmer werden von der Moderation »aufeinandergehetzt«; Offenbarungseide werden geleistet), damit die Sendungen für die Zuschauer unterhaltsam sind. Und wie im Film die Sprechhandlung in die szenische Handlung eingebaut wird – nicht umgekehrt! – ist für alle deutlich. Man hat es mit dem Bildmedium Fernsehen zu tun und nicht mit einem Sprechtheater. Dennoch gilt es festzuhalten, welche große Rolle die Beziehungssprache im Medium Fernsehen spielt. 2. Beobachtung: Nicht der geschriebene Text (wenngleich im Hintergrund des Films das Drehbuch steht), sondern das gesprochene Wort und die hörbare Anrede ist das Muster der Erwartung des Fernsehpublikums; das Medium Sprache in seiner Oralität und nicht Literalität. Dieses Bedürfnis der Zuschauer nach Beziehung in szenischer und sprachlicher Praxis muß vom Fernsehen möglichst befriedigt werden, will es nicht sein Publikum verlieren.

106 Siehe die oben angeführte These McLuhans vom unmittelbaren und totalen Erfaßtsein vom Medium!

render Befund.[107] Und gegenteilige Beispiele mag man schnell bei der Hand haben. An Deutungen und Bewertungen dieses Problems mangelt es allerdings nicht. Sie bewegen sich in der Spannung von heftiger Kulturkritik (z.B. Neil Postman[108]) bis zu der optimistischen Erwartung McLuhans, wonach das »kühle« Medium Fernsehen eine aktive Rezeption verlange, welche über die visuelle Wahrnehmung hinaus gar den Tastsinn aktiviere und somit optimale Bedingungen für neue Kommunikation biete.[109]

Es ist hier nicht der Ort, das Problem auszudiskutieren. Ich begnüge mich deshalb mit dem ambivalenten Befund: So berechtigt die Kritik ist, daß das Fernsehen sprachliche Kommunikation trivialisiere oder gar verhindere, muß doch auch die andere Rezeptionsweise beachtet werden. Fernsehen weckt auch den Hunger nach sprachlicher Kommunikation, vor allem die Sehnsucht nach persönlicher Zuwendung: angesprochen zu werden und allein schon im Angesprochenwerden die elementare Erfahrung zu machen, daß man Beachtung findet. Gestillt wird diese Sehnsucht vom Medium Fernsehen freilich nicht, höchstens nur kompensiert. So habe ich an anderer Stelle auf die Chance des gesprochenen Wortes im Fernsehzeitalter aufmerksam gemacht.[110]

Zwischenergebnis: Selbstreferenz ist nicht nur eine Eigenart des elektronischen Bildmediums, sondern sehr wohl auch der Sprechhandlung. Fehl am Platze sind aber übertreibende Bewertungen dieses Phänomens, als wären das Bildmedium oder die Sprechhandlung in sich abgeschlossen. Weder beim elektronischen Bild noch bei der Beziehungssprache geht die Botschaft im Medium auf. Immer bleibt das Medium auch Transportmittel einer Botschaft: als Information eines Bildes oder als Lokution eines Sprechaktes.

107 *A. Hepp*, Fernsehaneignung und Alltagsgespräche. Fernsehnutzung aus der Perspektive der Cultural Studies, Opladen/Wiesbaden 1998. Vgl. auch *J. Bahr* u.a., Wege aus der Einsamkeit: Fernsehen, in: B. v. Mettler-Meibom (Hg.), Einsamkeit in der Mediengesellschaft, Münster 1996, S. 69-133.

108 *N. Postman*, Das Verschwinden der Kindheit (am. 1982), Frankfurt/M 1983; *ders.*, Wir amüsieren uns zu Tode. Urteilsbildung im Zeitalter der Unterhaltungsindustrie (am. 1985), Frankfurt/M 1988; *ders.*, Keine Götter mehr. Das Ende der Erziehung, Berlin 1995.

109 *M. McLuhan/F. Quentin/A. Jerome*, Das Medium ist Massage, Frankfurt/M u.a. 1969, S. 125. – Vgl. dazu D. Kloock/E. Spahr, a.a.O. (s. Anm. 81), S. 70-73, mit dem hübschen Bonmot, das der Biograph McLuhans, Philip Marchand berichtet: Unter den Kollegen in Toronto, welche diese These McLuhans sehr befremdete, habe der Scherz kursiert, McLuhan besitze ein sehr schlechtes Fernsehgerät (ebd., S. 72).

110 *M. Petzoldt*, Von der Schwierigkeit, Gott zur Sprache zu bringen – oder: Von der Chance des gesprochenen Wortes im Fernsehzeitalter, in: Vom Wunsch, Gott zum Klingen zu bringen. FS Landesbischof V. Kreß; hrsg. vom Evang.-Luth. Landeskirchenamt Sachsens, Dresden 1999, S. 61-68.

Die Selbstreferenz steht aber nicht der Tatsache im Wege, daß elektronisches Bild und Sprache koppelbar sind. Sicherlich sind *im* Medium Fernsehen die Gewichte von Bild und Sprache unterschiedlich verteilt. Aber keineswegs wird die Sprache im Fernsehen und vom Fernsehen erstickt. Und erst recht sind alle Kassandrarufe über den Untergang der Sprache in einer Kultur, in der das Fernsehen das Leitmedium bildet, unbegründet.
Man mag an diesem Fazit kritisieren, es habe das Medium Sprache einseitig in seiner Mündlichkeit in den Blick genommen, daß aber gerade die Schrift und das gedruckte Buch es sind, die unter der Dominanz des elektronischen Bildmediums ihre kulturelle Bedeutung verlieren. Meiner Perspektive beim Bearbeiten des Vortragsthemas ist es allerdings geschuldet, daß die Oralität der Sprache im Vordergrund steht: das Wort als das gesprochene Wort und die Sprache als Sprechakte.[111] Was die Schriftkultur angeht, sehe ich jedoch keinen Grund, in Klagen über drohenden Untergang einzustimmen[112], ohne daß ich hierauf jetzt näher eingehen kann.
Außerdem muß man sich vor Augen halten, daß das Fernsehen zunehmend seine beherrschende Rolle einbüßt. An seiner Weiterentwicklung – hin zum interaktiven Fernsehen – ist die Richtung des Weges abzulesen, auf dem dieses Medium fortschreitet: hin zum neuen Leitmedium Computer.

II.2.2 Der Computer

Was am Computer sofort ins Auge fällt, ist seine medientechnische Vielfalt. Textverarbeitung läßt sich mit mathematischen und graphischen Operationen verbinden. Die Vernetzung von Computern – das Internet – ermöglicht Telephonieren, Radiohören, Fernsehen, E-Mailen. Im Internet kann man Texte lesen und erstellen. Man kann sich auch miteinander unterhalten: »chaten«, gegenwärtig noch allein in der Form des Schreibens, aber wohl bald auch stimmlich. Die Möglichkeiten reichen bis zum Erstellen von virtuellen Räumen (Cyberspace), in die eingegriffen werden kann: Interaktionen im Cyberspace. Die Medienkonvergenz erlaubt diese Vielseitigkeit. »Medienkonvergenz bedeutet das Verschmelzen der konventionellen Medien unter-

111 Zwei Gesichtspunkte darf man aber dabei nicht übersehen: 1) die Erkenntnis, welche die medientheoretische Wende mit geprägt hat, daß alle Reflexion über die mündliche Sprache das Schriftmedium zur Voraussetzung hat; 2) daß Sprechakte sehr wohl auch in geschriebener Form auftreten (vgl. z.B. den Brief!).

112 Bis hin zur Relativierung der Klage über die Folgen des Fernsehens für die Ausbreitung eines funktionalen Analphabetismus. Vgl. dazu *J. Kainz*, Funktionaler Analphabetismus im Medienzeitalter. Ursachen und Folgen: die Bedeutung der Medien. Stuttgart 1998.

schiedlicher Informationsart durch die Digitalisierung der Information, d.h. durch die Vereinheitlichung der Informationsverarbeitung.«[113]
Nun gibt es Stimmen, die mit dem Computer »Phänomene verbunden« sehen, »welche die in der Oralität-/Literalität-Debatte sowie der Text-Forschung erarbeiteten kategorialen Unterscheidungen unterlaufen: Kann die Bindung der Schrift an die Visualisierung von Sprache noch aufrechterhalten werden, wenn die ›unaussprechliche‹ Schrift des Binäralphabets zum neuen ›Universalmedium‹ avanciert? Bleibt die Differenz von Mündlichkeit und Schriftlichkeit als Unterscheidung zweier Kommunikationsmodalitäten, der Kommunikation unter Anwesenheit und der Kommunikation unter Abwesenheit der Kommunizierenden, noch aussagekräftig angesichts der durch das Internet eröffneten schriftlichen, jedoch interaktiven Telekommunikation? Ist die Idee des Textes als abgeschlossener Sinngestalt noch aufrechtzuerhalten, wenn Hypertexte[114] intertextuelle Bezüge den Texten selbst implementieren?«[115]
Man muß diese Fragen hören. Ich kann aber nicht nachvollziehen, für das Medium Sprache das Bild der sich hier abzeichnenden Medien-Entwicklung in düstere Farben zu tauchen. Wie der Computer vielmehr zeigt, wird die Medientechnik vornehmlich nach dem Muster von Sprache entworfen, und zwar in der Ausdifferenzierung von Sprache als Kalkül, Liste, Schreiben und Lesen, Sprechen und Hören[116]. Darüber hinaus kann man beobachten, daß im Internet die sprachliche Kommunikation wieder ein viel größeres Gewicht bekommt als im Medium Fernsehen! In der am Computer konvergierenden Medienvielfalt spielt die Sprache eine zentrale Rolle: sowohl als Informationssprache (als Medium der Datenübermittlung) wie auch und gerade als Beziehungssprache (als Medium der Kommunikation).
Auf fünf Aspekte möchte ich aber besonders die Aufmerksamkeit lenken.
1. Wer die ›unaussprechliche‹ Schrift des Binäralphabets zum »Universalmedium« hochstilisiert, um an dem digitalen Schreckgespenst das apokalyptische Wetterleuchten des Untergangs der Sprache abzulesen, verkennt den zweischichtigen Aufbau der Medientechnik des Computers: die vom Benutzer nicht wahrnehmbare, rein materielle elektronische *Basis* und die Ebene der *Darstellung* (z.B. auf dem Bildschirm), wo er wieder mit den analogen Medien operiert, ohne dabei

113 H.H. Hiebel, a.a.O. (s. Anm. 88), S. 249.
114 Zum Phänomen und Problem »Hypertext« vgl. *H.A. Meyer*, Von Punkt zu Punkt. Skizzen zu einer Theorie der interaktiven Medien, in: W. Nöth/K. Wenz, a.a.O. (s. Anm. 88), S. 177-193.
115 P. Koch/S. Krämer, a.a.O. (s. Anm. 88), S. 20.
116 Vgl. *P. Koch*, Graphé. Ihre Entwicklung zur Schrift, zum Kalkül und zur Liste, in: ebd., S. 43-81 (s. bes. Abb. 8, S. 59).

von der submedialen Digitalisierung berührt zu sein.[117] Die Medienkonvergenz auf der digitalen Basis des 0/1-Alphabets[118] weitet zwar die Möglichkeiten der medialen Kopplungen auf der analogen Darstellungsebene aus, was am eindrücklichsten bei Interaktionen im Cyberspace zu erleben ist. Damit bleiben aber die Medien auf der für die Benutzer wahrnehmbaren Ebene diejenigen, die sie sind: Bild bleibt Bild und Schrift bleibt Schrift usw.

2. Die eben beschriebene Ausweitung medialer Kopplung auf der Darstellungsebene durch die Medienkonvergenz auf der digitalen Basis erlaubt z.B. beim E-Mailen die Mischung von Schriftzeichen mit bildlich-graphischen Zeichen, die von der Software bereitgestellt werden. So kann man etwa in einer Mail auf ein smily-Zeichen stoßen, mit welchem der Absender seine Freude im Zusammenhang der geschriebenen Botschaft zum Ausdruck bringt. Man kann also damit sozusagen explizit lesen, was man bisher zwischen den Zeilen lesen mußte.[119] Frage: Bahnen sich über diese technischen Möglichkeiten neue Konventionen der Kommunikation an, die etwa über die Austinschen Regeln der sprachlichen Kommunikation hinausgehen? Ich sehe das nicht! Das beschriebene Beispiel stellt lediglich eine neue Variante der »bestimmten Umstände« dar, unter denen nach Regel A.1 der Sprechakt gelingen kann. Man wird aber die Entwicklung der Computertechnik u.a. auf die Frage hin zu beobachten haben, ob sich neue Möglichkeiten eröffnen, Botschaften zu senden, die über die herkömmlichen Konventionen sprachlicher Kommunikation hinausgehen.

3. Der Materialisierungsschub in der Medienentwicklung, insofern eine digitale Ebene zur Konvertierung vorgeschaltet wird, führt zu einer Distanzierung der Kommunikationspartner. Eine face-to-face-Kommunikation ist nicht möglich. Das ist aber nur die eine Seite. Auf der anderen Seite bedeutet der Materialisierungsschub eine enorme räumliche Ausweitung der Kommunikation. Ein Mausklick genügt zum Chat mit dem Partner aus Übersee.

4. Die technische Entwicklung der Online-Kommunikation läuft darauf zu, per Computer miteinander sprechen zu können. Daran läßt sich ablesen, wie hier das mündliche Gespräch die Leitvorstellung für den technischen Fortschritt bildet. Wie kommt es zu dieser Orientierung?

[117] Vgl. ebd., S. 76.

[118] Zwei ganz unterschiedliche Beobachtungen sind im Hinblick auf die digitale Basis noch festzuhalten: 1) Die Ziffern 0 und 1 sowie die Buchstaben eines Alphabets sind Zeichen des analogen Schriftmediums. Wir Menschen benötigen also zur Erklärung des ›unaussprechlichen‹ digitalen ›Universalmediums‹ die Metaphorik unserer Schriftsprache. – 2) McLuhans Diktum »Das Medium ist die Botschaft« greift bei der Medienkonvergenz auf der digitalen Basis nicht mehr.

[119] Natürlich war auch schon im herkömmlichen Brief und darüber hinaus eine solche mediale Mischung möglich gewesen. Unter den neuen technischen Möglichkeiten wird aber jetzt viel mehr davon Gebrauch gemacht.

Der Grund liegt offensichtlich darin, daß die mündliche Sprache ein elementares Medium der persönlichen Begegnung ist: das Sprechen von Angesicht zu Angesicht, wobei das Medium der Oralität von sich aus auf die Ergänzung durch die leibliche Gegenwart der kommunizierenden Personen ausgerichtet ist. Folgt die technische Entwicklung insgeheim dieser Vision, auch wenn die Utopie solcher Erwartung bewußt ist? Zumindest soll die räumliche Ausweitung der Kommunikation an das ersehnte Ziel so weit wie möglich angenähert werden.[120] Solange nun für das mündliche Gespräch im Internet die technischen Bedingungen noch nicht ausgereift sind, verläuft der Chat im Medium der Schrift. Die Schriftsprache folgt dabei dem Muster der mündlichen Sprache. Solche Orientierung der Literalität an der Oralität ist aus der Form des Briefes bekannt. Die durch den Zeitverzug unterbrochene Kommunikation der Briefpartner führt zum Phänomen der »zerdehnten Sprechsituation«[121]. Der Schreiber erlebt nur die eine Hälfte der Kommunikationssituation, der Leser nur die andere Hälfte. Die Computerentwicklung verfolgt das Ziel, die Kommunikationsstörung der zerdehnten Sprechsituation immer weiter zu minimieren.

5. Noch ein Phänomen soll angesprochen werden, das durch die technische Distanzierung des Mediums Computer auftritt: die Möglichkeit zu pseudonymer oder auch anonymer Kommunikation. Diese Möglichkeit wird viel genutzt. Und verschiedene Chat-Rooms erlauben es, auch zwischen verschiedenen Graden der Verbindlichkeit der Kommunikation zu wählen. So kann man mit wechselnden Identitäten chaten, dabei in unterschiedliche Rollen schlüpfen, sich selbst und auch andere ausprobieren; man kann Kommunikation spielen. (Ich möchte jetzt nicht auf die psychologischen und soziologischen Problemstellungen eingehen[122], sondern allein nach möglichen Konsequenzen für die Sprachpragmatik fragen.) Auch der pseudonyme Chat lebt von den Regeln der sprachlichen Kommunikation, wie wir sie bei Austin kennengelernt haben. Er unterläuft aber die Regeln, besonders die Γ-Regeln. Frage: Führt pseudonyme Online-Kommunikation auf Dauer zur Aushöhlung der gewachsenen Regeln der sprachlichen Kommunikation, so daß sie am Ende unbrauchbar werden? Ich sehe diese Gefahr nicht. Man halte sich vor Augen, daß pseudonyme Kommunikation schon lange praktiziert wird (z.B. Kommunikation unter Masken und Verkleidung), ohne daß darüber die Gültigkeit der

[120] Vgl. McLuhans Vorstellung von der medialen Ausweitung des menschlichen Körpers (s. Anm. 85).

[121] Ich übernehme hier einen Begriff von *K. Ehlich*, Text und sprachliches Handeln. Die Entstehung von Texten aus dem Bedürfnis nach Überlieferung, in: A. u. J. Assmann/Chr. Hardmeier (Hg.), Schrift und Gedächtnis. Beiträge zur Archäologie der literarischen Kommunikation, München 1983, S. 24-43, hier: S. 32.

[122] Etwa die Frage nach der Stabilität von Identitäten, oder die Phänomene neuer Partnerschaftsformen und neuer gesellschaftlicher Interaktionen.

Regeln erschüttert worden wäre. Vor allem zeigt das Auswählen der Chat-Rooms an, daß die Kommunikationspartner die sozialisierte Sprachpraxis internalisiert haben und mit einem impliziten Wissen den Regeln der Sprachpragmatik folgen, ja daß sie diese bewußt gebrauchen. Für die Teilnehmer am Chat verlagert sich damit die Frage der Regelgemäßheit der Sprachpraxis von den Γ-Regeln auf die Bestimmung der »Umstände« (A-Regeln), unter denen die Kommunikation verlaufen soll. Die Regeln zum Gelingen der Beziehungssprache werden also in ihren Spielräumen ausgeweitet (neue »Umstände«), aber darin bewußt genutzt und gerade nicht unterlaufen! Auch in dieser Frage wird es ratsam sein, die Entwicklung daraufhin zu beobachten, ob sich womöglich die Konventionen sprachlicher Kommunikation wandeln.

II.2.3 Resümee

Ich versuche, aus den Beobachtungen und Überlegungen zur medialen Rolle der Sprache im Zeitalter von Fernsehen und Computer als Leitmedien Gesichtspunkte für ein Resümee festzuhalten.

1. Die neuen Medien treten an die Seite der alten Medien und nicht an ihre Stelle.[123] Mit dieser These soll nicht ausgeschlossen werden, daß im Laufe der Entwicklung neuer medialer Techniken alte überflüssig werden. Für abwegig halte ich aber allen Epochen-Schematismus, der die strikte Ablösung eines zentralen Mediums durch ein anderes behauptet. Weder ist es sachgerecht, in der Euphorie über die neuen medialen Möglichkeiten Wort und Sprache als nutzlos gewordenen Ballast über Bord zu werfen, noch in einem Kulturkampf für Schrift und Buch sich innerlich oder auch öffentlich gegen die Medienentwicklung zu stemmen.[124] Vielmehr ist es das Gebot der Stunde, in aller Nüchternheit den Spielraum des Mediums Sprache in seiner Kompatibilität mit den neuen Leitmedien auszuloten:

– die strukturelle Kopplung von elektronischem Fernsehbild und Beziehungssprache;

– die digitale Konvergenz der Sprache mit den anderen Medien auf der submedialen Ebene des Computers mit den Fragen, welche neuen Möglichkeiten struktureller Kopplungen sich daraus auf der analogen Darstellungsebene ergeben und welche Folgen für die Regeln der Sprachpragmatik sich abzeichnen;

– sowie die Bedeutung der Sprache als Muster für die Weiterentwicklung der Medientechnik.

2. Die Sprache bleibt vornehmlich als gesprochene elementares Medium der Begegnung. Mag die Computertechnik die Räume der Kom-

[123] Vgl. auch J. Kainz, a.a.O. (s. Anm. 112), S. 137, vgl. 139.

[124] Vgl. *B. Sanders*, Der Verlust der Sprache (amerik. 1994), Frankfurt/M. 1998.

munikation enorm erweitern, droht die Beziehungssprache unter der Faszination vom elektronischen Bild trivialisiert und kompensiert zu werden, mögen auch neben dem Hören schon immer die anderen Sinne in der Begegnung von Person zu Person mitwirken, es ändert dies alles nichts an der Feststellung, daß die Sprache, vornehmlich in ihrer Mündlichkeit, menschliche Kommunikation und Interaktion konstituiert. Mit solcher Betonung der Oralität möchte ich nicht der überholten Auffassung das Wort reden: daß die Schrift nur das sekundäre, von der mündlichen Sprache abgeleitete Darstellungsmittel für die Rede sei. Es gehört heute zu den anerkannten Einsichten in den Sprachwissenschaften, daß geschichtlich die Schrift als Graphé zunächst unabhängig von der mündlichen Sprache ihre eigenständige mediale Entwicklung genommen hat, und daß die Regelentwicklung von Orthographie, Syntax und Rhetorik sowie die Herausbildung einheitlicher Landessprachen nur in einer auf der Schrift oder gar dem gedruckten Buch aufbauenden Diskursivität gedeihen konnte. Meine Betonung der Oralität will also nicht in die Diskussion um die Entstehungsgeschichte der Sprache eingreifen, sondern den Stellenwert der Sprache in der medialen Wende heute reflektieren[125] und dabei auf die Chancen des gesprochenen Wortes im Zeitalter der neuen Medien aufmerksam machen. Ich sehe sie im Zusammenhang von ästhetischen Orien-

[125] Die Aussichten der Literalität im Angesicht der Computerentwicklung werden allerdings unter Fachvertretern durchaus kontrovers diskutiert. So stehen sich z.B. in derselben Publikation (P. Koch/S. Krämer, a.a.O. [s. Anm. 88]) folgende Meinungen gegenüber. Auf der einen Seite Peter Koch (s. Anm. 116), S. 76: »Gegenwärtig sind nun bei bestimmten Computern sogar Bemühungen um den Ersatz der graphischen durch eine phonische Darstellung zu beobachten (Spracherzeugung, Spracherkennung). Sollten derartige Ansätze jemals flächendeckend zum Erfolg führen, so hieße dies de facto, daß hier eine Phoné auf einer nichtphonischen und nichtgraphischen, nämlich elektronischen Basis arbeitet. Die Graphé wäre eliminiert ...« Auf der anderen Seite *Martin Fischer*, Schrift als Notation (ebd., S. 83-101; hier: S. 84): »In dieser Arbeit soll ... die Rede vom Ende der Schrift durch den Computer in Frage gestellt ... werden.« – Besonders erwähnenswert ist die Prognose des Leipziger Medienwissenschaftlers *D. Kerlen*, Druckmedien, in: Handbuch Lesen; hrsg. v. *B. Franzmann* u.a., München 1999, S. 240-280. Auf dem Hintergrund der »idealtypischen« Unterscheidung zwischen »informativen« (»flachen«) und »performativen« (»tiefen«) Texten (S. 249) wagt Kerlen (mit *G. Nunberg* [Hg.], The Future of the Book, Berkeley/Los Angeles 1996, S. 103-138) die These: »Im Hinblick auf die elektronischen Vernetzungsmöglichkeiten kann man dieser Informationswelt die persönlichen, privaten, subjektiven Diskurse (die performativen Sprechakte im Sinne Austins) entgegenhalten. Letztere werden auf Dauer durch die neuen Kommunikationstechniken ausgeweitet und verbessert, d.h. die derzeitige Informationslastigkeit der neuen Medien wird zurückgehen. In diesem Sinne kann man einen ›Abschied vom Informationszeitalter‹ prognostizieren« (S. 250).

tierungen, die sich als »These von einer neuen Mündlichkeit«[126] und als eine »Kultur des Hörens«[127] artikulieren.
3. Medien organisieren die menschliche Weltwahrnehmung. Führen neue Medien zu neuer Wahrnehmung? Mit dieser Frage soll die Diskussion um die fließenden Grenzen zwischen Realität und Virtualität im Cyberspace angezeigt werden.[128] Gegenwärtig ist nicht abzusehen, wohin die technische Entwicklung führen und welche Richtung die Debatte um das Wahrnehmen und Verstehen von Wirklichkeit einnehmen wird. In Aufnahme des ersten Gesichtspunkts wird aber auch an dieser Stelle die Rolle des sprachlichen Mediums zu bedenken sein. Dabei fällt wieder die Beobachtung ins Gewicht, daß die Medientechnik des Computers vornehmlich nach dem Muster von Sprache entworfen wird. Und so sollten wir uns daran erinnern, daß die Sprache schon immer nicht nur Wirklichkeit beschreibt, sondern als performative auch Wirklichkeit schafft und als fiktionale Wirklichkeit dichtet. Mag also die Frage noch ganz offen sein, inwieweit das Zusammenkoppeln von akustischen und visuellen Medien im Cyberspace zu einer Ausweitung der menschlichen Wahrnehmungsmöglichkeiten und -fähigkeiten führt, so gilt es doch festzuhalten, daß der Mensch aufgrund seiner Sprachpraxis eingeübt ist, sich in der Mehrdimensionalität von Wirklichkeit zu bewegen.
4. Die medientheoretische Wende mit ihrer programmatischen Formel von der Materialität der Kommunikation[129] rückt auch die Materialität des Mediums Sprache wieder neu ins Bewußtsein. Zwar ist das Wissen um die phonetische und (typo)graphische Äußerlichkeit des Wortes sowie die empirische Regelhaftigkeit des Sprachgebrauchs Allgemeingut. Dennoch haben kontinentaleuropäische, besonders deutschsprachige Denktraditionen die Materialität der Sprache in den Hintergrund treten lassen, weil sie entweder die Sprache vom Gedanken her (und nicht umgekehrt) oder den Menschen von der Sprache her (und nicht umgekehrt) verstanden haben. Letztere Einseitigkeit muß der Sprachphilosophie Gadamers sowie vor allem der des späten Heideg-

126 Vgl. M. Fischer, a.a.O. (s. Anm. 125), S. 98, der sich allerdings in kritischer Absetzung von dieser These positioniert.

127 *W. Welsch*, Auf dem Weg zu einer Kultur des Hörens? In: *ders.*, Grenzgänge der Ästhetik, Stuttgart 1996, S. 231-259.

128 Vgl. G. Vattimo/W. Welsch, a.a.O. (s. Anm. 88); *F. Rötzer* (Hg.), Digitaler Schein. Ästhetik der elektronischen Medien, Frankfurt/M. 1991; *F. Rötzer/P. Weibel* (Hg.), Cyberspace. Zum medialen Gesamtkunstwerk, Wien 1993. – Vgl. auch *F. Rötzer*, Megamaschine Wissen. Vision: Überleben im Netz, Frankfurt/New York 1999; *ders.*, Digitale Weltentwürfe. Streifzüge durch die Netzkultur, München/Wien 1998.

129 S. o. Anm. 78.

ger[130] nachgesagt werden, sosehr hier beide Namen nicht nur kritisch genannt, sondern auch in ihrer Bedeutung für das Verstehen von Sprache durch Sprache gewürdigt sein sollen; nicht zuletzt im Hinblick auf ihre Sensibilität für den »Vorrang des Hörens«[131].
Wenn wir uns daran erinnern, daß Gerhard Ebeling in seinem Nachdenken über die Sprachlichkeit der Wirklichkeit nicht unwesentlich von der Sprachphilosophie Heideggers und Gadamers geprägt worden ist, wird uns das Gewicht dieser medientheoretischen Besinnung auch für unsere Überlegungen sofort vor Augen stehen.

III. Schlußfolgerungen für eine Theologie des Wortes im Zeitalter der neuen Medien

Gehen wir in der Erörterung der Konsequenzen an den im ersten Teil laut gewordenen kritischen Anfragen entlang, müssen wir bei den Einwänden Nethöfels einsetzen, da sie im Sinne der Themenstellung grundsätzlich die Ausrichtung der Hermeneutischen Theologie am Wort in Frage gestellt hat.

III.1 Hermeneutik des Wortes Gottes unter den Herausforderungen der medialen Wende

Gerhard Ebeling, inzwischen in hohem Alter, hat Nethöfels Kritik wahrgenommen. In seinem Aufsatz »Hermeneutik zwischen Macht des Gotteswortes und seiner Entmachtung in der Moderne (1994)[132]

130 *M. Heidegger*, Unterwegs zur Sprache (Gesamtausgabe I/12), Frankfurt/M. 1959, S. 33: »Der Mensch spricht, insofern er der Sprache entspricht.« *Ders.*, Brief über den »Humanismus« (1946), in: *ders.*, Gesamtausgabe I/9, Frankfurt/M. 1976: »Die Sprache ist in ihrem Wesen nicht Äußerung eines Organismus, auch nicht Ausdruck eines Lebewesens. Sie läßt sich daher auch nie vom Zeichencharakter her, vielleicht nicht einmal aus dem Bedeutungscharakter wesensgerecht denken. Sprache ist lichtend-verbergende Ankunft des Seins selbst« (ebd., S. 326). Die Sprache »ist das Haus des Seins. In ihrer Behausung wohnt der Mensch« (ebd., S. 313). – Zur Kritik an dieser Sprachphilosophie vgl. *Th.W. Adorno*, Jargon der Eigentlichkeit. Zur deutschen Ideologie, 1964, in: *ders.*, Gesammelte Schriften Bd. 6, Frankfurt/M. [4]1990, S. 413-526; *H. Albert*, Kritik der reinen Hermeneutik. Der Antirealismus und das Problem des Verstehens, Tübingen 1994.

131 H.-G. Gadamer, a.a.O. (s. Anm. 22), S. 466. – *M. Heidegger*, Sein und Zeit (1927), Tübingen [11]1967, wo er das »das Hören auf ...« als »das existenziale Offensein des Daseins als Mitsein für den Anderen« (ebd., S. 163) schätzt. Ders., Unterwegs zur Sprache (s. Anm. 130), S. 169, wo Heidegger das »Hören der Zusage« als »die eigentliche Gebärde des jetzt nötigen Denkens« bezeichnet (ebd., S. 180).

132 In: G. Ebeling, WuG (s. Anm. 2) IV, S. 209-225.

findet sich die einzige und zudem kurze Bezugnahme darauf.[133] In ihr äußert Ebeling sein Unverständnis für Nethöfels scharfe Entgegensetzung von »Theologischer Hermeneutik« und »Hermeneutischer Theologie«. Und er überholt diese für ihn künstliche Alternative mit Ausführungen zu einer »Hermeneutik des Wortes Gottes«, dabei in Kauf nehmend, daß er mit einer solchen Kategorie nur um so schärfer die Kritik einer im Namen der Postmoderne und des Medienzeitalters antretenden Hermeneutik auf sich ziehen wird. Was sich darüber als Streit um Modernität oder Postmodernität des Hermeneutik-Konzepts auch artikulieren mag, ist für Ebeling in Wirklichkeit die »Strittigkeit des Wortes Gottes selbst«[134], die sich unabhängig von der jeweiligen Diskussionslage und zeitübergreifend aus der Sache des Wortes Gottes selbst ergibt.

Die Abhandlung trägt Züge eines Vermächtnisses. Ein Theologe, der sein Lebenswerk dem Thema der Hermeneutik gewidmet hat, erklärt, worum es ihm eigentlich immer gegangen ist. Für solch einen Blickwinkel mag es angehen, sich den Tagesdebatten enthoben zu fühlen. Unser Blickwinkel kann das nicht sein. Aber auch für Ebelings Hermeneutik-Konzeption selbst ist solch eine zeitabgehobene Perspektive untypisch. Ist sie doch gerade den Verstehensproblemen nachgegangen, die daraus entstehen, daß Gottes Wort in die Zeit eingeht, die Menschen in ihrer Zeit trifft und darin diese Zeit zur erfüllten Zeit macht.

In der Tat muß sich eine »Hermeneutik des Wortes Gottes« unter den medialen Umbrüchen der Gegenwart fragen lassen, zum einen: ob sie mit ihrer Konzeptualisierung am Paradigma des Wortes sich an ein Medium gebunden hat, das womöglich seine kulturprägende Bedeutung verliert, und zum anderen: inwieweit ihre an Oralität und Literalität orientierten Reflexionen einer durch die neuen Medien organisierten Ausweitung der Wahrnehmung noch gerecht wird. Sie wird diese Anfragen aber nicht scheuen müssen, erst recht nicht die in der von Nethöfel vorgetragenen Weise. Bezieht man vielmehr die Einsichten aus der medientheoretischen Debatte (bes. 2.2.3) in die Reflexionen von Ebelings theologischer Sprachlehre mit ein, wenden sich die kritischen Fragen vielmehr gegen das Hermeneutik-Konzept Nethöfels. Ich möchte das an wenigen Punkten aufzeigen.

So lebt dessen Sturmlauf gegen die Orientierung am Wort von dem Pathos einer Verabschiedung von Schrift und Sprache. Dabei verkennt er, daß doch in der Entwicklung der Medien die neuen zu den alten hinzutreten. Eine differenzierende Wahrnehmung des Mediums Sprache kommt Nethöfel in diesem ideologisch aufgeheizten Klima abhanden; so wie ihm auch entgeht, was Ebeling zu Wort und Wortge-

[133] Ebd., S. 210.
[134] Ebd., S. 211.

schehen, Sprache und Sprachlichkeit zu sagen hat. Daß durch allen medialen Wandel hindurch die mündliche Sprache das elementare Medium der Begegnung bleibt, erfährt bei Nethöfel keine Berücksichtigung; um so mehr finden wir diesen Aspekt in der Hermeneutik Ebelings wieder.

Wenn Nethöfel gegen den Spiritualismus der Worttheologie auf die Körperlichkeit des Überlieferungsprozesses in der medialen Funktion der Gemeinde als Leib Christi abhebt (»Hermeneutik unterwegs«[135]), gibt er einen bedenkenswerten Impuls. Seine medientheoretische Einholung dieses Gedankens (»Der Körper als Medium«[136]) spielt allerdings die tragende Rolle der Sprache in diesem Zusammenhang herunter. So muß man zum einen die Bedeutung des gesprochenen Wortes sehen, das auf die leibliche Gegenwart des Kommunikationspartners zielt und gerade darin die Körperlichkeit und Körperschaftlichkeit der christlichen Paradosis konstituiert. Zum anderen sichert der sprachliche, hier vornehmlich der verschriftete Inhalt durch die Geschichte hindurch die Identität dieses Überlieferungsprozesses in der Rückkoppelung desselben an seinen Ausgangspunkt. Ebelings Begriff des Wortgeschehens hat u.a. diese beiden Aspekte des Mediums Sprache zu erfassen vermocht. Sein Hermeneutik-Konzept und das Nethöfels müssen also an diesem Punkt nicht einander entgegenstehen, sondern können sich ergänzen. Nur wird es darauf ankommen, den medialen Zusammenhang von Körper *und* Sprache im Blick zu behalten.[137]

Nethöfels Programm leidet auch darunter, daß es seinen an der Vorstellung des ›Musters‹ orientierten Medienbegriff[138] auf das Wirken der Person Jesu und ihre Christusbedeutung zurückprojiziert.[139] So

135 W. Nethöfel, Theologische Hermeneutik (s. Anm. 52), Kap. V, vgl. auch Kap. VI.

136 Ebd., S. 171-176.

137 Daß die Körperlichkeit der Gemeinde nur in der Kopplung mit dem Wortgeschehen als Medium des christlichen Überlieferungsprozesses wirken kann, und nicht das Wort ablöst und ersetzt, wird gerade auch an dem von Nethöfel herangezogenen Beispiel der Mahlgemeinschaft (vgl. ebd., S. 126) deutlich. Es ist die sprachliche Überlieferung, welche die symbolische Interaktion der versammelten Personen als Medium der Gegenwart Christi identifiziert und in den liturgischen Sprechakten die sakramentale Wirklichkeit konstituiert. – Vgl. hierzu auch die von einer konfessionellen Problemstellung her aufgebaute Abhandlung von *G. Ebeling*, Worthafte und sakramentale Existenz, in: *ders.*, Wort Gottes und Tradition. Studien zu einer Hermeneutik der Konfessionen, Göttingen 1964, S. 197-216.

138 S. oben unter 1.2.2. – Die Zuhilfenahme des Stichwortes »Muster« soll den Medienbegriff offensichtlich anpassungsfähig machen an die unterschiedlichsten Definitionsweisen (vgl. oben Anm. 88). Der Begriff verliert darüber alle definitorischen Konturen. – Schon *G. Isermann* hat in seiner Rezension Nethöfels Medienbegriff als »verschwommen« kritisiert (ThLZ 118, 1993, S. 865).

139 W. Nethöfel, Theologische Hermeneutik (s. Anm. 52), S. 261-276.

soll sichergestellt werden, daß schon im Ausgangspunkt des christlichen Überlieferungsprozesses die angeblich einseitige Orientierung am »Wort« durchbrochen sowie die Transformation der Medienvielfalt grundgelegt ist. Christus wird darüber zum »Paradigma« und das »Christusparadigma« zum »Grundmuster christlicher Tradition«[140]. Die Christus-Deutungen der Überlieferung werden als »Musterspeicher«[141] bzw. als »Muster« erklärt, in denen »die Gemeinde die Spuren des ganzen Lebens Jesu auch als Ganzes bewahrt«.[142]

Insoweit die hermeneutische Arbeit im Zurückverfolgen der Lebensspuren Jesu bestehen soll[143], erscheint mir der Unterschied zwischen diesem Programm und der Rückfrage nach dem historischen Jesus bei Gerhard Ebeling oder Ernst Fuchs gar nicht so tiefgreifend, wie ihn Nethöfel glauben machen will. Allerdings fällt nach meiner Sicht die Spurensuche bei Fuchs[144] ergiebiger aus als bei Nethöfel[145], obwohl Jahrzehnte der Jesusforschung dazwischenliegen.

Problematisch ist dann aber, daß bei Nethöfel die Spurensuche gar nicht das Auffinden der Person Jesu zum Ziel hat. Vielmehr dient sie der Untermauerung seines Programms von der ›Muster‹-haftigkeit des Christusparadigmas.

Eine theologische Hermeneutik, die sich mit einem derartigen Christus-Prinzip-Programm nicht zufriedengeben will, sondern die über der Interpretation der überlieferten Christus-Zeugnisse den Zugang zur Person Jesu von Nazareth sucht, ist bei ihrer Spurensuche nun allerdings fast ausnahmslos an das von dieser Person ausgehende Wortgeschehen als Erkenntnisquelle gewiesen.[146] So wird die historische Wahrnehmung vom sprachlichen Medium dominiert. Das trifft für alle historische Arbeit zu und nicht nur für die Jesusforschung. Jene Dominanz der Sprache aber aufbrechen zu wollen, indem die mediale Ausweitung unserer heutigen Wahrnehmungsmöglichkeiten gleichsam in die Vergangenheit zurückverlagert wird, stellt medientheoretisch einen Anachronismus dar.

140 Ebd., S. 272.

141 Ebd., S. 105.

142 Ebd., S. 111.

143 Vgl. z.B. ebd., S. 142.

144 Vgl. *E. Fuchs*, Jesus, Wort und Tat, Tübingen, 1971; vgl. ders., Zur Frage nach dem historischen Jesus (s. Anm. 3).

145 Vgl. W. Nethöfel, Theologische Hermeneutik (s. Anm. 52), Kap. IV mit dem Versuch, Wort und Tat im Wirken Jesu medial unterschiedlich einander zuzuordnen.

146 G. Ebeling, Theologie und Verkündigung (s. Anm. 11), S. 56: »Das Zurückfragen hinter das urchristliche Kerygma ist also, wenn es sachgemäß geschieht, gar nicht ein Zurückfragen hinter das Wort auf beglaubigende Fakten, sondern ein Zurückfragen hinter ein interpretationsbedürftiges Wort auf ein darin vorausgesetztes Wortgeschehen.«

Anders stellt sich jedoch die Frage, wenn wir von heutiger Warte aus nach vorn schauen und unter der medientechnischen Entwicklung neue mediale Möglichkeiten der Wahrnehmung und der Kreation von Wirklichkeit auszuloten suchen. Die Diskussion steht noch ganz am Anfang. So wage ich nicht, schon irgendwelche Schlußfolgerungen daraus für die Theologie und ihre hermeneutische Arbeit zu ziehen. Soviel aber läßt sich sagen, daß die Theologie in ihrer herkömmlichen zentralen Ausrichtung am sprachlichen Medium nicht orientierungslos in die kulturellen Veränderungen hineingeht. Denn einerseits wird das gesprochene Wort durch allen Wandel hindurch das elementare Medium der Begegnung bleiben. Und andererseits werden die Veränderungen – zumindest auf absehbare Zeit – maßgeblich von der Sprache her und auf ihre Kopplungsmöglichkeiten hin entworfen werden. Eine Theologie des Wortes muß sich allerdings diesem medialen Wandel öffnen.[147]

Nachdem anhand der Debatte Ebeling-Nethöfel die Rolle der Sprache für die Theologie unter den multimedialen Herausforderungen der Gegenwart beleuchtet wurde, richtet sich nunmehr das Interesse wieder auf dieses Medium selbst und auf die Problemstellungen des Sprachverständnisses, die in Ebelings Hermeneutik-Konzept sichtbar geworden sind.

[147] In dieser Hinsicht übe ich Kritik an *W.R. Petkewitz*, Verkündigung in der Mediengesellschaft. Neue Informations- und Kommunikationstechniken in der kirchlichen Praxis, Gütersloh 1991. Diese ansonsten gerade bedeutsame Studie zum Sprachgeschehen als elementar-medialem Prozeß im christlichen Leben leidet darunter, daß sie Sprache nur als diskursive versteht, ohne Sensibilität für den Reichtum der Sprachpragmatik; daß sie daher übersieht, wie auch die technisch vermittelte Kommunikation nach den Regeln der Sprachpragmatik sich vollzieht; und daß sie deshalb zu einer bedenklichen Abschottung der Verkündigung gegen die Informations- und Kommunikationstechniken gelangt: »Im Rahmen der kommunikationstheoretischen Erwägungen wurde ... deutlich, daß *nur* im Interaktionsraum Gemeinde, in der Unmittelbarkeit personaler Begegnung, identitätsstiftende und identitätssichernde Kommunikation stattfindet« (227f). »Ein integrales Verkündigungsverständnis schließt als Formen der Verkündigung ... alle Vermittlungsversuche aus, die identitätsstiftende oder identitätssichernde Prozesse personaler Interaktion substituieren oder mittelbar behindern. ... Mit neuen Informations- und Kommunikationstechniken ist keine Kommunikation im Vollsinn des Wortes zu leisten. Sie ersetzen vielmehr gerade die Interaktionsprozesse, in denen Identitätssicherung stattfindet. Und sie stellen in ihrer Summe eine Informationsleistung her, der sich der Mensch allzuoft durch die Flucht in die Trivialität entziehen wird« (228). »Jedoch kann technisch vermittelte Kommunikation bestenfalls Öffentlichkeitsarbeit sein, sofern sie Nachrichten, sprachlich-diskursive Information mit einem Neuigkeitswert für den Rezipienten, vermittelt« (229). »Neue Informations- und Kommunikationstechniken sollten daher weder als Medien der Verkündigung Verwendung finden, noch sollte ihre Nutzung innerhalb der Kirche mit dem Auftrag zur Verkündigung legitimiert werden« (228).

III.2 Integration sprechakttheoretischer Aspekte in die Hermeneutische Theologie

Ich bedenke hier das Problem weiter[148], das sich aus der Kritik an dem Defizit sprachanalytischer Fundierung der Hermeneutik des Wortgeschehens ergeben hatte. Mit folgender Beobachtung möchte ich einsetzen: Wenn Ebeling sich zum Wort- bzw. Sprachgeschehen äußert, bewegen sich seine Überlegungen der Sache nach nicht selten in Bahnen Austinscher Sprachanalyse. Ein augenfälliges Beispiel dafür liefert seine »theologische Sprachlehre«[149]. Über mehrere Seiten hinweg[150] erörtert er unter der eigenen Problemstellung der »Sprachverantwortung« Fragen der Sprachpragmatik, ohne Bezugnahme auf die linguistische Fachliteratur[151] und wohl auch ohne Kenntnis ihrer Terminologie, dafür aber in bemerkenswerter sachlicher Nähe. So handelt er von den »Konventionen« »wie etwa die verschiedenen Arten der Anrede oder Wendungen der alltäglichen Konventionen oder die Weisen, wie man auf bestimmte Lebenswiderfahrnisse sprachlich reagiert in Gratulation und Kondolation, wie man einander Mut zuspricht oder sein Herz erleichtert«.[152] Ebeling erörtert den Aspekt der »Sprach*situation*«[153]: »Indem einer gerade *dies* in *dieser* Situation zu *diesem* sagt, kann es geschehen, daß er keineswegs nur zuspricht, was er ausspricht, sondern dadurch in gewisser Weise sich selbst schenkt«[154]. Er berührt dabei die Austinsche Unterscheidung zwischen lokutionärem und illokutionärem Akt der Sprache. Schließlich macht er den Vorschlag, den »Situationsbezug der Sprache ... sich einmal durch Zusammenstellung der vielen Wörter und Wendungen bewußt [zu] machen, welche die Sprache selbst dafür bereit hält, den Akt des Sprechens bereits von seinem Situationsbezug her und auf ihn hin zu benennen«.[155] Jahre vor ihm hatte Austin am Ende seiner Vorlesungen (12. Vorlesung) eine derartige Liste von fünf Verbklassen zusammen-

[148] S. oben 1.2.1.

[149] A. a. O. (s. Anm. 20). – Ebeling versteht sich freilich auch in dieser Veröffentlichung in der Nähe zu Heideggers Sprachverständnis, vgl. ebd., S. 107.

[150] Ebd., S. 104-106.

[151] Ebeling seinerseits vermutet hier Beziehungen zu »sprachsoziologischen Betrachtungen« (ebd., S. 105).

[152] Ebd., S. 104f.

[153] Ebd., S. 105.

[154] Ebd., S. 106.

[155] Ebd., S. 106. – Vgl. schon 1966 G. Ebeling, Gott und Wort (s. Anm. 15), S. 409: »Demgemäß konkretisiert und modifiziert sich auch das Sprechen in vielfacher Weise: als ansprechen oder versprechen, als belehren oder sich unterhalten, als fragen oder um Hilfe rufen, als klagen oder anklagen, als fluchen oder beten.«

gestellt[156]. Und später hat Searle unter anderen Ordnungsgesichtspunkten eine neue Aufstellung vorgenommen.[157]
Vielleicht ist Ebeling diese Nähe lange Zeit nicht bewußt gewesen. Aus späterer Zeit liegt jedoch ein Zeugnis davon vor, daß er die Berührungspunkte zwischen seinem Verständnis von Sprache und der angelsächsischen Sprachpragmatik erkannt hat. So stellt er im Bd. II, 3. Teil seiner Lutherstudien von 1989 im Zuge seines Kommentars zu Luthers Überlegungen über die Sprache der Theologie fest, daß sich heute in der Frage der Verstehbarkeit und Verifizierbarkeit theologischer Aussagen die hermeneutischen und sprachanalytischen Ansätze »treffen«.[158] Wenige Seiten später liefert er dafür ein konkretes Beispiel, wenn er die »assertio« als performative Sprachhandlung bezeichnet, »wie man heute sagt«.[159] Ebelings sprachtheologische und -philosophische Überlegungen verschließen sich also dem methodischen Zugriff pragmatischer Sprachanalyse nicht.
Was aber wird durch die Integration der Sprechakttheorie gewonnen? Zwei allgemeine Ergebnisse hatte ich oben schon festgehalten. Wenn ich nun die Frage für die Theologie weiter bedenke, möchte ich zuvor darauf hinweisen, daß *in* der deutschsprachigen Theologie schon seit geraumer Zeit die angelsächsische Sprachanalyse rezipiert wird. Unter dem Blickwinkel unserer Themenstellung beschränke ich mich jetzt darauf, die Namen Ingolf U. Dalferth[160], Oswald Bayer[161] und aus der neutestamentlichen Hermeneutik Hans Weder[162] zu nennen. Auf dem Hintergrund des Problembewußtseins in der Theologie, wie es durch deren und anderer Arbeiten gewachsen ist, gehe ich jetzt der speziellen Frage nach, was die Rezeption der Sprechakttheorie für die Präzisierung der Ebelingschen Hermeneutik des Wortgeschehens austrägt.
Der Ereignischarakter des Wortes, den Ebeling mit den Begriffen Wortgeschehen bzw. Sprachgeschehen einzufangen sucht, kann nun klarer aus der Eigenart der Sprechhandlungen verstanden werden.
Die Anrede-Funktion der biblischen Sprache kann noch deutlicher als bisher erfaßt werden: nämlich als explizite wie eben auch als implizite

[156] Siehe die »Liste der *illokutionären Rollen* von Äußerungen« bei J.L. Austin, Zur Theorie der Sprechakte (s. Anm. 33), S. 167.
[157] *J. R. Searle*, Linguistik und Sprachphilosophie, in: Bartsch/Venneman (Hg.): Linguistik und Nachbarwissenschaften, Kronberg 1973, S. 113-125.
[158] *G. Ebeling*, Lutherstudien II/3, Tübingen 1989, S. 31.
[159] Ebd., S. 50.
[160] *I.U. Dalferth*, Sprachlogik des Glaubens. Texte analytischer Religionsphilosophie und Theologie zur religiösen Sprache, München 1974; *ders.*, Religiöse Sprechakte als Kriterien der Religiosität? Kritik einer Konfusion, in: Linguistica Biblica 44 (1979), S. 101-116; *ders.*, Religiöse Rede von Gott, München 1981.
[161] *O. Bayer*, Was ist das: Theologie? Eine Skizze, Stuttgart 1973, S. 24-39; *ders.*, Theologie, Gütersloh 1994, S. 438-453.
[162] *H. Weder*, Neutestamentliche Hermeneutik, Zürich ^{2}1989.

Performative. Die Sprachanalyse schärft z.B. die Wahrnehmung für die illokutionären Akte narrativer, poetischer, deskriptiver Rede oder auch diskursiver Argumentationen etwa in den Paulus-Briefen.

Die Entsprechung der sprachlichen Form des Evangeliums zu seinem Inhalt als Zu-sage, Zu-spruch (auf dem konträren Hintergrund von Gesetz als An-spruch) wird sprachanalytisch einsichtig. Oswald Bayer hat in eindrücklicher Weise aus der Perspektive von Luthers Theologie diesen Zusammenhang am Promissio-Charakter des Evangeliums herausgearbeitet.[163]

Der für Ebeling so wichtige Aspekt der *Wirkmächtigkeit des Wortgeschehens Evangelium* wird nach der sprachpragmatischen Seite hin durchschaubar: nämlich als die Wirklichkeit konstituierende und nicht nur Wirklichkeit beschreibende Fähigkeit der Sprechhandlungen. Aufhellung erfährt darüber, daß diese Wirkmächtigkeit nicht als Wunschbild einer Wortmagie abzutun ist, sondern daß sie sich der Regelhaftigkeit der Sprachpragmatik verdankt. Die Grenzen der Sprachanalyse liegen aber dort, wo das Wortgeschehen Evangelium über seine mit allen anderen Sprechakten gemeinsamen Charakteristik hinaus als das spezifische Sprachhandeln Gottes zur Disposition steht. Daß das Evangelium einmal zum Ziele kommt und andermal keinen Glauben findet, ist mit den Regeln der Sprachpragmatik nicht mehr erklärbar.

Die Grund-Bedeutung Jesu für das Wortgeschehen sowie die Tradierbarkeit Jesu durch das Evangelium wird von der sprachlichen Seite her aufgehellt[164]: Im Glücken der Sprechakte Jesu von Nazareth konstituierte sich Heil. Den *Gleichzeitigen*, die von seiner Anrede getroffen wurden, die Vergebung erfuhren, welche er ihnen zusprach; die über sein heilendes Wort gesund wurden; die durch seine Zusage der Gottesherrschaft selig waren; die über die Begegnung mit ihm an ihrem Tisch glücklich wurden, – ihnen wurden die Augen geöffnet für die Kompetenz des Sprechers für diese Sprachhandlungen; ihnen *offenbarte* sich die Einzigartigkeit dieser Person. Die Begegnung Jesu mit *Späteren* stellt sich sprechakttheoretisch als die Fortsetzung seiner Sprachhandlungen dar. In dieser Paradosis, die maßgeblich geprägt ist von der Verschriftung und Kanonisierungen des Wortgeschehens, geben Personen den empfangenen Zuspruch Jesu weiter an Mitmenschen.

Das Zur-Sprache-Kommen Gottes in dem Wortgeschehen, das in der Person Jesu gründet, kann von dem nach Verstehen suchenden Glau-

[163] Über die in Anm. 161 erwähnte Literatur hinaus vgl. *O. Bayer*, Promissio. Geschichte der reformatorischen Wende in Luthers Theologie, Darmstadt ^{2}1989.

[164] Vgl. zum Folgenden *M. Petzoldt*, Offenbarung – in sprechakttheoretischer Perspektive, in: Gottes Offenbarung in der Welt. FS H. G. Pöhlmann; hrsg. von F. Krüger, Gütersloh 1998, S. 129-148.

ben reflexiv nachvollzogen werden: Die Sprechhandlungen im Strom der Paradosis des Wortgeschehens konstituieren eine Wirklichkeit, nämlich die Begegnung der Menschen heute mit der Person Jesu. Aus diesem Betroffensein heraus brechen Fragen nach Gott auf und wachsen Einsichten von Gott. Es handelt sich um einen Prozeß, in dessen Verlauf den betroffenen Menschen bewußt wird, daß ihnen in der Person Jesu von Nazareth eine Wirklichkeitsdimension widerfährt, die ihr Wirklichkeitsverständnis sprengt, und zu deren Bezeichnung sie nach dem herkömmliche Wort »Gott« greifen.

Die sprechakttheoretische Perspektive vermag der Tendenz entgegenzuwirken, Gottes Offenbarung in der Welt nur einen sehr indirekten Modus zuzubilligen, etwa in der Natur. Freilich wissen die Menschen nur um vermittelte, indirekte Offenbarung Gottes. Doch Auffassungen wie z.B. die Pannenbergs[165], Gottes Selbstoffenbarung vollziehe sich nur indirekt durch die Universalgeschichte, zeigen einen Erfahrungsverlust der Personalität Gottes im christlichen Verständnis von Offenbarung an. *Sprechakttheoretische Kategorien sensibilisieren* hingegen an der Sprachpraxis, vornehmlich *an der gesprochenen Sprache als dem elementaren Medium der Begegnung für ein viel direkteres Wahrnehmen der Gegenwart Gottes in der Begegnung mit der Person Jesu.*

Die hier aufgeführten Beispiele mögen einen Eindruck davon vermitteln, welche Einsichten durch die Integration der Sprechakttheorie in die Hermeneutische Theologie eröffnet werden. Und es bedarf eigentlich keiner weiteren Erläuterung, daß durch solche analytischen Methoden die theologischen Sachfragen nicht einfach oder gar restlos erklärt werden können. Die Sprachanalyse vermag aber zu einem besseren Verstehen und Verständlich-machen zu verhelfen.

III.3 Anfragen an die theologische Rezeptionsästhetik

Welche Schlußfolgerungen nach meiner Sicht im Hinblick auf die konzeptionelle Kontroverse zwischen einer Hermeneutik des Wortgeschehens und einer literarischen Hermeneutik zu ziehen sind, möchte ich in drei Anfragen formulieren, die ich an die theologische Rezeptionsästhetik richte.

1. Zum medienkulturellen Aspekt: Den Vertretern der literarischen Hermeneutik in der Theologie ist es bewußt, daß sie mit ihrer Proklamation einer »Lesetheologie« und »Skriptologie« gegen jenen Strom

165 *W. Pannenberg*, Dogmatische Thesen zur Lehre von der Offenbarung, in: *ders.* (Hg.), Offenbarung als Geschichte, ^{5}1982, S. 91 u. 98; Vgl. *ders.*, Systematische Theologie I, Göttingen 1988, S. 267.

schwimmen, der das Ende der Gutenberg-Ära heraufziehen sieht.[166] Vieles spricht dafür, daß sie sich von dieser Diagnose nicht beirren lassen. Mit einem trotzigen Dennoch können sie das Christentum in die Pflicht genommen sehen, als »Buchreligion«[167] seinen zentralen Text um so mehr ins Gespräch zu bringen, nicht zuletzt um auch damit einen Beitrag für den Erhalt von Schrift- und Lesekultur zu leisten. Sie können mit Recht darauf verweisen, daß die medientheoretische Wende nicht nur die Parole vom Ende des Buchzeitalters aufgebracht, sondern auch einen Wandel in der Oralität/Literalität-Debatte herbeigeführt hat, nämlich die fachübergreifende Erkenntnis von der Selbständigkeit der Schrift gegenüber dem gesprochenen Wort[168]. Wir könnten die oben gewonnene Einsicht hinzufügen, daß neue Medien die alten nicht überflüssig machen, sondern an ihre Seite treten. Ich frage aber, inwieweit die implizite Geringschätzung der Oralität in dieser Position die medienkulturelle Entwicklung recht im Blick hat. Wir konnten oben feststellen, welch ungeheurer Kommunikationsschub gerade mit der Durchsetzung des Computers verbunden ist. Wir sahen, wie die Online-Kommunikation sich auf das Ziel des mündlichen Gesprächs zubewegt und – solange dafür die technischen Möglichkeiten noch nicht ausgereift sind – die Schrift hierzu nach dem Muster der gesprochenen Sprache in ihren Dienst nimmt. Ich sehe darin auch nur ein Symptom für eine umfassendere Entwicklung: für eine Renaissance der Mündlichkeit und eine Kultur des Hörens.[169]

2. Zur Frage nach der Autonomie des Textes: So grundlegend die Erkenntnis von der Autonomie des Textes ist – hier geht es jetzt besonders um dessen Autonomie gegenüber seinem Autor –, stellt sich aber die Frage, ob die Bedeutung dieses Sachverhalts an Grenzen gelangt, wo der Text in dem größeren Zusammenhang einer Tradition wahrgenommen wird. Texte stehen in diesem Falle nicht nur für sich, sondern sind darüber hinaus aufeinander bezogen.[170] Für die christliche Tradition und damit gerade auch für die biblischen Texte hat Ebeling diesen Zusammenhang auf den Begriff des Wortgeschehens gebracht. Den

166 Vgl. hierzu z.B. *U. Körtner*, Die Sache mit der Sache oder Wovon in der Theologie (nicht) die Rede ist. Ein Beitrag zum Gespräch mit Falk Wagner, in: *M. Berger/M. Murrmann-Kahl* (Hg.), Transformationsprozesse des Protestantismus. Zur Selbstreflexion einer christlichen Konfession an der Jahrtausendwende. Falk Wagner (1939-1998) zu Ehren, Gütersloh 1999, S. 144-165; hier 164f.

167 Zum Ganzen vgl. hier bes. Huizing/Körtner/Müller, a.a.O. (s. Anm. 65), S. 7f.

168 Vgl. *U. Körtner*, Literalität und Oralität im Christentum. Ein Beitrag zur biblischen Hermeneutik, in: Text und Geschichte. Facetten theologischen Arbeitens aus dem Freundes- und Schülerkreis. FS D. Lührmann; hrsg. v. *S. Maser/E. Schlarb*, Marburg 1999, S. 76-88.

169 Vgl. oben Anm. 126 und 127.

170 Inwieweit die Rezeption eines Textes sich der Wirkungsgeschichte einer aus vielen Texten bestehenden Tradition überhaupt entziehen kann, ist eine klassische Problemstellung der Hermeneutik.

Überlieferungszusammenhang hat er damit ausdrücklich unter das mediale Vorzeichen der Oralität gestellt, weil die Texte desselben bleibend auf den Ursprung ihrer Wirkungsgeschichte bezogen sind: auf die persönliche und sprachliche Zuwendung Jesu an konkrete Adressaten; und weil die biblischen Texte wieder auf die personale und verbale Zuwendung an Adressaten hinzielen.[171] Hat daher nicht doch die überlieferungsgeschichtliche Fragestellung ihren Sinn in der biblischen Hermeneutik? Und gibt es bei dem Zurückfragen hinter den Text (und die Texte) nicht auch ein berechtigtes ›produktionsästhetisches Interesse‹, insofern sich darin die Frage nach dem Autor des Wortgeschehens artikuliert?

Ebeling formuliert in der Diskussionslage von 1965 das Problem so: »Historische Arbeit fragt mit Recht nach der Entstehung der Texte, engt diese Frage jedoch zumeist ein auf Anlaß, Umstände, Einflüsse usw., also gewissermaßen auf eine äußere Vorgeschichte des Textes. Stellt man aber die Frage scharf nach dem Ursprung des Textes, so richtet sie sich auf die Ermächtigungssituation, die das Recht zu den Textaussagen gibt und in die in entsprechender Weise selber einzukehren der Weg zum Einverständnis (bzw. zu einem verstehenden Versagen der Zustimmung) ist. Der Text als gleichsam geronnenes Wortgeschehen muß auf dieses sein Ursprungsgeschehen hin interpretiert werden, damit aus dem Text wieder Wortgeschehen wird.«[172]

3. Zur Christologie: Für mich überzeugend ist, wie die Grundsätze der literarischen Hermeneutik in der Christologie zu einem Konzept der Rezeption des Bildes Christi im Leseakt der neutestamentlichen Schriften zusammenlaufen, das den Verwandlungsprozeß des lesenden Subjekts im Sich-neu-Verstehen vor dem Text mitreflektiert. Es stellt sich mir aber die Frage, ob die rezeptionsästhetische Christologie, die von den vorgegebenen Evangelientexten ausgehen will, notwendig im Gegensatz stehen muß zu Überlegungen, welche die Anstöße von Ebelings Hermeneutik des Wortgeschehens mit Hilfe der Sprechakttheorie weiterzubedenken suchen? In diesem Fall geht es also um eine

[171] So spricht Ebeling (Dogmatik I, S. 257f) auch vom Vorrang des verbum praedicatum vor der Gestalt des Wortes Gottes als verbum scriptum in zweifacher Hinsicht. Das verbum praedicatum »geht diesem voraus und es folgt ihm wiederum. ... Deshalb bedeutet es eine Gefährdung für das Verständnis des Wortes Gottes, wenn die Orientierung am geschriebenen Wort einseitig dominiert.« – Vgl. auch ders., Wort Gottes und Hermeneutik (s. Anm. 3), S. 326 und 345.

[172] Es handelt sich um eine Passage aus dem Aufsatz »Hermeneutische Theologie?«, WuG II, S. 116. – Daß bei aller Ausrichtung der eigenen theologischer Arbeit wie auch der theologischen Arbeit der Kirche als ganzer auf die Auslegung der Heiligen Schrift Gerhard Ebeling das Christentum nicht als »Buchreligion« verstehen kann, zeigt seine Reaktion auf die Kritik an seiner Formel »Kirchengeschichte als Geschichte der Auslegung der Heiligen Schrift«, vgl. G. Ebeling, Studium der Theologie (s. Anm. 26), S. 80.

Christologie, für die die biblischen Texte zur Quelle der Rückfrage nach der Person Jesu von Nazareth werden, um mittels solchen Instrumentariums die Anrede Jesu Christi im gegenwärtigen Christus-Zeugnis historisch-kritisch rückzukoppeln an den Spuren des Betroffenseins durch die Anrede des irdischen Jesus bei den frühen Christus-Zeugen. Kann die Unterschiedlichkeit dieser christologischen Konzeptionen nicht auch so gesehen werden, daß hier der eine Ansatz den anderen sinnvoll ergänzt?

Nachtrag

In vielfacher Hinsicht ist auch von theologischen Positionen aus Kritik an der Wort-Theologie und an theologischer Hermeneutik als solcher geübt worden, die ihre eigenen Reflexionen und die der Theologie überhaupt im Prinzip des Selbstbewußtseins gegründet sehen. Zum Beispiel hat sich Kritik artikuliert
– an der Konstruktion »Wort Gottes« als vermeintlich objektive Autorität, die in Wirklichkeit aber eine autoritäre Setzung des gläubigen Subjekts sei;
– an dem Subjektivismus des hermeneutischen Zirkels in der Kerygma-Theologie, wo das gläubige Subjekt bei sich selbst und in seinem Vorverständnis gefangen bleibe;
– an der Orientierungs- oder gar Begründungsfunktion der biblischen Überlieferung für die Theologie, weil das religiöse Subjekt in seiner Selbstauslegung nicht der Fremdbestimmung durch Selbstauslegungsmuster anderer und vergangener Subjekte bedürfe, sondern es an den im Subjekt selbst verankerten Gottesgedanken gewiesen sei;
also: weil es in der Theologie um (spekulative) Logik gehe und nicht um Hermeneutik.
Diese Positionen sind von mir aus medientheoretischen Gründen nicht in die Diskussion einbezogen worden: weil sie auf *Selbstbewußtsein* bzw. *Gedanke* als Medium fixiert sind und darüber nicht die äußerlichen, materiellen Medien als konstitutive Faktoren für Wahrnehmung und Erkenntnis in den Blick bekommen. Diese Blindheit wirkt sich natürlich auf das Herangehen an theologische Grundlagenfragen aus. In prinzipieller Hinsicht (nämlich im Hinblick auf die Bedingungen der Möglichkeit) redet das Subjekt von Gott aufgrund ihm übermittelter Gott-Rede; es denkt Gott aufgrund ihm (sprachlich usw.) übermittelter Gedanken, vor allem redet und denkt es Gott, weil es angeredet wurde. Zur Aufhellung dieses Grundlagenproblems helfen nicht subjektivitäts-, sondern kommunikationstheoretische Reflexionen weiter. Damit soll das Selbstbewußtsein in seiner Bedeutung für die theologische Grundlagenfragen nicht disqualifiziert, sondern in seiner zutreffenden Funktion erkannt werden: als Aneignungskategorie und

nicht als Begründungskategorie[173]. Wo diese Einsicht in der Theologie sich durchsetzt, wird sich wohl fast zwangsläufig auch das Problembewußtsein für Hermeneutik einstellen und der Blick sich weiten für die erkenntnisleitende, weil unsere Wahrnehmung prägende Funktion der Medien.

173 Ich folge hierin *I.U. Dalferth*, Subjektivität und Glaube. Zur Problematik der theologischen Verwendung einer philosophischen Kategorie, NZSTh 36 (1994), S. 18-58; hier: S. 31.

Bernd Beuscher

WinWord
Die Sprachlichkeit des Evangeliums und das Nadelöhr der Medien – Eine semiotische Orientierungsskizze[1]

»Es scheint mir schwierig, nicht
blöde von der Sprache zu sprechen.«[2]

I. Vorbemerkungen

»Semiotics addresses what is first in the understanding«.[3] Das kommt auf das Verständnis des Verstehens an. Der Begriff »Semiotik« ist im folgenden als weiter und differenzierter Theoriebegriff im Blick auf die Komplexität und Mehrdimensionalität der Menschenweltphänomene gebraucht: Theologie mit semiotischem Horizont ist eine Theologie der Mächte und Gewalten, womit sie der Psychoanalyse nahesteht, die jedoch in ihrem Sprachspiel bemüht ist, (warum auch immer) ohne eine Erklärung zum Woher der Hoffnung auszukommen. Charles W. Morris unterschied in seiner Zeichentheorie drei Relationen: *Syntaktik* (von Zeichen zu Zeichen: Satzlehre/Grammatik), *Semantik* (von Zeichen zu Objekten: das Bedeuten der Zeichen) und *Pragmatik* (von Zeichen zu Zeichenverwendern: wie verwenden Interpretanden Zei-

1 Überarbeitung meines Habilitationsvortrages, gehalten am 13.1.1999 an der Erziehungswissenschaftlichen Fakultät der Universität zu Köln. Vgl. zum Themenbereich »Sprache als theologisches Problem« auch *Positives Paradox*. Entwurf einer neostrukturalistischen Religionspädagogik (Dissertation), mit einem Anhang von Bodo Kirchhoff, Wien 1993; *Religion und Profanität*. Entwurf einer profanen Religionspädagogik, Weinheim 1998 (mit Dietrich Zilleßen); Art. Sprache/Sprachwissenschaft (Praktisch-Theologisch), TRE, Berlin/New York 2000.
2 *J. Lacan*, Encore, Weinheim 1986, S. 19.
3 Vgl. *H. Deuser*, Art. Semiotik, I. Religionsphilosophisch und systematisch-theologisch, TRE 31, Berlin/New York 1999, 109-116, hier: S. 110.

chen). Man könnte sagen, Semiotik erforscht, daß und wie Semantik und Pragmatik zusammenhängen. Dabei kommt das Symbolische symptomatisch (als Versprechen) ins Spiel über den Doppel- oder Mehrsinn der Worte, wenn z.B. der großgeschriebene »Weg« und das kleingeschriebene »weg« nicht unterschieden werden (denn weg sein wollen wir doch alle). Semiotik hat zu tun mit der Welt der Gleichnisse und deren Performance[4]: »Die Gleichnisform dient nicht der bildlichen Einkleidung auch in ›eigentlicher Rede‹ aussagbarer Sachverhalte; sie macht vielmehr deutlich, daß die von Jesus angesagte Gestalt der Gottesherrschaft anders als in metaphorischer Rede offenbar gar nicht zur Sprache gebracht werden kann« (TRE 15, S. 201). Auf diese Weise ist »das zur Sprache Kommen der Basileia ein ausgezeichneter Modus ihres Kommens«.[5] »Jesu Gleichnisse können nicht wie direkte Informationssprache mechanisch angeeignet werden. Sie wecken Erinnerungen ... und setzen damit einen Gedanken- oder besser Erfahrungsstrom in Bewegung ... [und überspringen] die Distanz, in der der Hörer einer Information sich seine Entscheidung noch überlegen kann ... Es läßt sich ... nie abschließend formulieren, was das Gleichnis besagt ... Fast in jedem Gleichnis gibt es sehr auffällige, wenn auch nicht unmögliche Züge ... Jesu Gleichnisse vermitteln also gerade nicht die jedermann einsichtige, allezeit gültige Wahrheit ... Wie die Erzählung betont auch die Gleichnissprache die Unverfügbarkeit Gottes« (TRE 16, S. 715f.). »Alle nichtmetaphorische Rede von Gott wäre nicht einmal uneigentliche Rede von Gott«[6], sondern Aussage über ein Wesen, das der Mensch mit seinen Definitionen feststellen könnte, also über einen Götzen.

Außerdem verwende ich im folgenden terminologisch die Begriffsdifferenzierung von faculté de *langage*=humanes Talent, Begabtheit, Befähigung zu sprachlichem Weltumgang als übergreifender Aspekt von *langue*=konkrete Einzelsprache und *parole*=Sprechakt (vgl. das semiotische Glossar im Anhang).

Jede Skizze verspricht Objektivität, suggeriert einen Außenstandort. Aber es gibt keine Sprache über der Sprache. Dies könnte als mitlaufender Index formal erinnert werden durch Arbeit mit Textspalten im Sinne einer semiotischen Synopse. Entsprechend sind die folgenden Abschnitte als »Linke Spalte« und »Rechte Spalte« betitelt. Diesen (im weiteren Verlauf aus drucktechnischen Formatgründen) imaginär vorzustellenden Spalten) entsprechen zwei verschiedene Sprachverständnisse, zwei Auffassungen von Sprache, zwei idealtypisch umschriebene »Sprachanschauungen«. Um die unvermeidliche Objekti-

4 Vgl. dazu *H. Weder*, Die Gleichnisse Jesu als Metaphern, Göttingen 1978.

5 *E. Jüngel*, Paulus und Jesus. Eine Untersuchung zur Präzisierung der Frage nach dem Ursprung der Christologie, Tübingen 1979.

6 *P. Ricoeur/E. Jüngel*, Metapher, München 1974.

vitätssuggestion etwas zu kompensieren, ist in den (imaginären) Spaltenrubriken ausdrücklich hervorgehoben, daß »Sprachanschauungen« zugleich »Weltanschauungen« sind. Das bedeutet: wenngleich sich die im folgenden skizzierten Auffassungen von Sprache als enges und weites Sprachverständnis sprachwissenschaftlich ergänzen, so *konkurrieren* sie als Weltanschauungen.
Diese Unterscheidung zweier »Sprachanschauungen« bzw. »Weltanschauungen« ist m.E. der Schlüssel für eine fruchtbare Untersuchung der Frage, ob und wie sich Wort-Gottes-Theologie und christliche Verkündigung im Zeitalter der elektronischen Medien verändert. Auf der Weltanschauungsebene knüpfe ich im folgenden an sprachphilosophische und sprachtheologische (und wie ich meine fundamentaltheologische) Arbeiten z.B. von Hamann, Herder, Bultmann, Liebrucks, Fuchs, Ebeling, Jüngel an und favorisiere die hierarchische Überordnung einer weiten und differenzierten Sprachauffassung über eine enge (letztere ist in der weiten enthalten). Nachdem diese fundamentalen sprachtheologischen Forschungen als historisch abgeschlossen gelten sollen und durch analytischen Zeichen-Trick vieler Art zeitweise verdrängt oder dominiert werden, scheint mir mit den neuen, digitalen Medien jetzt erst die Stunde ihrer Bewährung gekommen.
Das Menü eines entsprechenden »Medienplayers« sähe dann ungefähr so aus:

»Weltanschauung 1« Enge Sprachauffassung	**Übergangsfeld ≤ Hermeneutik/Semantik ⇔ Semiotik ≥**	**»Weltanschauung 2« Weite und differenzierte Sprachauffassung**
Code:	**Raum für Notizen betreff – Evangelium (Wort Gottes) – Lob der Lücke – semiotisches Glossar – ...**	langage:
ABC religiöser Sprache		Namenlose Unruhe des Herzens
»Zeichen-Trick-Effekte«		»Zeichen und Wunder«
»Wut des Verstehens« (Schleiermacher)		Verstehen heißt im Einzelfall auch, die Bedrohung eigener Codes in Kauf zu nehmen[7].
»Systemsucht- und –wut« (Diesterweg)		
Verstehen von Sprache		Verstehen durch Sprache

7 Vgl. *W. Engemann*, Art. Semiotik, III. Praktisch-theologisch, TRE 31, Berlin/New York 1999, 134-142, hier: S. 136.

wobei das mittlere Übergangsfeld dem Regler entspricht, der (in Gedanken während der Lektüre) versuchsweise mehr oder weniger nach links oder rechts ausgesteuert werden kann, existentiell je und je nach Belieben entschieden (agape!) ausgesteuert werden muß bzw. »von woanders« je und je ausgesteuert wird.
Technisch-metaphorisch gesprochen könnte man sagen: einer ganz linken Pegeleinstellung entspräche das schrille Pfeifen einer Rückkopplung, einer ganz rechten Pegelstellung weißes Rauschen. Eine mittlere Einstellung wäre nur flach und dumpf, ohne Höhen und Tiefen. Hermeneutik/Semantik tendieren mehr oder weniger in Richtung enge Sprachauffassung/Weltanschauung 1, Semiotik tendiert mehr oder weniger in Richtung weite und differenzierte Sprachauffassung/Weltanschauung 2.
Entsprechende Einschätzungen der Kompatibilität des »Christentum als Religion des Wortes« (wie es im Tagungsprogramm heißt) mit digitalen Multimediawelten werden, je nachdem, ob im Horizont von Weltanschauung 1 oder 2 argumentiert wird, völlig anders lauten, z.B. je nachdem, ob »Evangelium« (Wort Gottes) als Medium (Mittel zum Zweck) festgeschrieben ist oder möglicherweise Medien auch als Evangelien (Worte Gottes) zur Sprache gebracht werden bzw. lesbar gemacht werden können. M. McLuhan schrieb vom »Medium als Massage«: »›Das Medium ist die Botschaft‹ (die Doppeldeutigkeit des englischen Wortes wird, erscheint es gedruckt, auseinandergelegt: ›Message‹ ist auch ›Massage‹, Botschaft ist Massage)«[8]. D.h. sind »Inhalt« und »Form« auch theoretisch trennbare Aspekte, so sind beide jedoch in kommunikativen Liveprozessen nie separat wirksam. Medienvermittelter Ausdrucksstil und -form sagen womöglich etwas anderes als lexikalische Bedeutungsauskünfte entsprechender Nomenklaturen angeben. Und das läßt sich zurückverfolgen vom multimedialen Internetgottesdienstshowevent über die Verstärkeranlagen in den Gotteshäusern[9], über die frequenzreduzierte Kommunikation in der Telefonseelsorge bis zum weihevollen Singsang in der Stimme des Pastors (Wolf, der Kreide gefressen hat). Wir werden darauf zurückkommen.
Die im folgenden strapazierte These lautet: Das Wort (Gottes) erschöpft sich nicht als Code. Die Message/Sender-Empfänger/lan-

[8] *D. Baacke*, Medientheorie als Geschichtstheorie, in: *M. McLuhan/B.R. Powers*, The Global Village. Der Weg der Mediengesellschaft in das 21. Jahrhundert, Paderborn 1995, S. 11; vgl. *M. McLuhan*, Die magischen Kanäle = Understanding Media, Basel 1994.

[9] Es wäre m.E. eine Untersuchung wert und ist bisher übersehen, daß ein sehr hoher Anteil von Jugendlichen erste Bühnen- bzw. Bühnentechnikerfahrung in Kirchen und Gemeindehäusern macht (Krippenspiel, Vorlesen, Vorsingen, Konfirmation, Jugendgottesdienst).

gue/parole – Dimension ist in der Massage/Impact/Langage – Dimension enthalten. Diese These ist nicht neu. Aber sie ist im Blick auf die elektronischen Medien neu zu bedenken. Im folgenden soll es darum gehen, ehe wir fragen, was passiert, wenn wir den Medienstecker anschließen (plugged/unplugged), *anhand der Sprache* (in einem umfassenderen und differenzierteren Sinne) grundlegend-abgründige und zentrale dezentrierende Fragen theologischer Wissenschaft paradigmatisch *zur Sprache zu bringen.*[10]

II. Linke Spalte: Enge Sprachauffassung / Weltanschauung 1

Mit dem Computer sprechen wie mit einem Freund:
das ist die Zukunft!
(IBM-ViaVoice)[11]

Mit der Sprache ist es eine verrückte Geschichte: meint man, ganz greifbar nah an konkreter Praxis zu sein, sieht man sich plötzlich mit wissenschaftstheoretischen Abgründen konfrontiert. Verstiegen in die Wolkenkratzer ontosemiologischen Jargons plötzlich Weisheit wie gedruckt in der Buchstäblichkeit des Volksmundes. Weder umgangssprachlich noch formallogisch-sprachanalytisch und schon gar nicht *theo*logisch ist es selbstverständlich, von Gott zu reden. Theologen und Religionspädagogen tun jedoch oft so, als wäre dies das *Selbstverständlichste von der Welt.* Man jongliert fröhlich selbst- und gottesbewußt mit den Vokabeln einer exklusiven Sprache und fordert entsprechend Klartext, daß manch einem ganz kleingläubig zumute wird. So kündigte die SMD-Gruppe an der Kölner Universität kürzlich selbstironisch einen Abend an zum Thema »Kanaanäisch für Fortgeschrittene«. Man spürt schon das Problem, aber weiß man eine Lösung? Karl Ernst Nipkow erinnert, er habe schon vor Jahren als »plurale Hermeneutik« dargelegt, daß es verschiedene, klar zu trennende Sprachen gäbe: die Insidersprache, wo man ganz unkompliziert Klartext reden könne (»Hermeneutik des schon gegebenen Einverständnis-

[10] »Die hier gebrauchte Wendung »zur Sprache bringen« ist jetzt ganz wörtlich zu nehmen« (*M. Heidegger*, Über den Humanismus, Frankfurt 1949, S. 52).

[11] Schleiermacher beklagte die »Wut des Verstehens« (*F.D.E. Schleiermacher*, Über die Religion. Reden an die Gebildeten unter ihren Verächtern, Hamburg 1958, S. 36.80.82), und auch F.A. Diesterweg kritisierte die »Systemsucht- und wut« (vgl. *K.E. Nipkow/F. Schweitzer*, Religionspädagogik. Texte zur evangelischen Erziehungs- und Bildungsverantwortung seit der Reformation, Gütersloh 1994, Band 2, S. 94f). Das Faszinierende an Spracherkennungsprogrammen ist die Tatsache, daß sie »Wut des Verstehens« mit »Systemwut« (als Kommunikation getarnt) kombinieren.

ses«), die Sprache für Außenstehende und die für ganz Fremde[12]. Doch scheint mir dies alles nur in einem sehr engen Horizont von »Sprache als Code« thematisiert. Dies gilt übrigens ebenso für gesellschaftskritische Annoncen, z.B. für folgende Feststellung von H.M Enzensberger: »Jeder dritte Bewohner unseres Planeten kommt ohne die Kunst zu lesen und ohne die Kunst zu schreiben aus ... Der Begriff des Analphabetentums ist nicht alt. Seine Erfindung läßt sich ziemlich genau datieren. Das Wort erscheint zum ersten Mal in einer englischen Schrift aus dem Jahre 1876 und breitet sich dann rasch über ganz Europa aus. Gleichzeitig erfindet Edison die Glühbirne und den Phonographen, Siemens elektrische Lokomotive, Linde die Kälte Maschine, Bell das Telefon und Otto den Benzinmotor. Der Zusammenhang liegt auf der Hand«- jedenfalls was Lesen und Schreiben als Entzifferung des alphabetischen Codes betrifft.

»Wort und Sprache sind jene Medien, durch die der Mensch in geistige Verbindung zu seiner Umwelt tritt« heißt es bei B. Klappert im Artikel »Wort« im Theologischen Begriffslexikon zum Neuen Testament (S. 1407). Beinahe wäre diese Bildrede (»in Verbindung zur Umwelt treten«) für den Horizont der rechten Spalte (weite Sprachauffassung / Weltanschauung 2) zu veranschlagen gewesen, allein der Aktionsaspekt des dort zielgerichtet agierenden Individuums verhindert das. Sprache gilt hier nämlich als Mittel für (theologische) Zwecke. Ein Viel- und Berufssprecher wie Peter Sloterdijk kommentiert dies ironisch: »Die Spitzenbegegnung zwischen Jenseits und Diesseits spielt sich jetzt und für alle Zeit auf Vertreterebene ab. Der Absender hat sich *post christum resurrectum* ohne Rest an den evangelischen Prozeß ausgeliefert und ist seit seinem Rückzug aus dem Fleisch ganz Nachrichtenwesen (Verkündigung), ganz Mediengesellschaft (Kirche), ganz Informationsverarbeitung (Theologie) geworden.«[13] So wird Sprachlichkeit (langage) harmlos: nur Worte, die tun nichts, – how to do nothing with words.

Zweckmäßiger (Fach)Jargon hat alle Vor- und Nachteile der Schibboleth-Funktion (vgl. Ri 12,4-6): »Religiöse Gruppen haben die Tendenz, ein spezifisches Idiom auszubilden, das, ob nun dem einzelnen bewußt oder nicht, die Identitätsbildung begleitet, indem es homogenisierend nach innen wirkt und zugleich distanzierend nach außen.«[14] Aber »Verstehen« (angesichts des Anderen, vgl. E. Lévinas) bedeutet auch, die Bedrohung des eigenen Codes in Kauf zu nehmen. Hans Blumenberg versteht selbst »die Ausschweifungen der Sprachanalytik« als Symptome von »Bergungsbedürfnissen« und beschreibt eine

12 *K.E. Nipkow*, in: KatBl 124 (1999), S. 176-182.

13 *P. Sloterdijk*, Sphären II: Globen, Frankfurt 1999, S. 680.

14 *A. Beutel*, Sprache und Religion. Eine fundamentaltheologische Skizze, in: Pastoraltheologie 83 (1994), S. 2-23, hier: S. 5.

entsprechende »Behaglichkeit im theoretischen Gehege.«[15] Auch Sloterdijk benennt (selbstvergessen?) ein »Schwingen im Eigen-Gerede« als »basale klimabildende Funktion von Gesellschaft«.[16] Im ersten Band der Anselm Christlein – Trilogie von Martin Walser findet sich eine entsprechende Notiz:

»Mit Lissa in der Kirche. Konnte nicht beten ... Die feierliche Amtssprache in der Kirche klang fremd. Kunstgewerbe-Vokabular. Luft aus einem Föhn. Glauben die Frommen, Gott höre sie nur, wenn sie beten, er habe keine Ahnung von den Worten, die sie sonst denken und sagen? Man kann sich nicht vorstellen, daß der Pfarrer erlebt hat, was er in der Predigt erzählt. Mein Leben ist in der Gebetssprache nicht mehr unterzubringen. Ich kann mich nicht mehr so verrenken. Ich habe Gott mit diesen Formeln geerbt, aber jetzt verliere ich ihn durch diese Formeln.«[17]

Hier sind u.a. frömmigkeitsgeschichtliche, theologische und religionspädagogische Problematik sprachlich als Frage nach der Sprache miteinander verdichtet.

Geht es bei der Frage nach einer theologisch möglichen und religionspädagogisch angemessenen Sprache mitnichten nur ums »Amt am kirchlichen Wortschatz«, um das »Wächteramt am Wort« / das »Pflegeamt am Wort«[18], so zeigte sich theologische und religionspädagogische Thematisierung von Sprache jedoch bisher überwiegend allein in verschiedenen Ansätzen zu ihrer zweckdienlichen Funktionalisierung. Schon früh lassen sich im Sinne rational-zentrierter Sprache religionspädagogische Bemühungen um »Sprachbesinnung versus Sprachverfall«[19] und biblische Sprachlehre als Propädeutik nachweisen, die den sprachphilosophischen Horizont älterer und grundsätzlicherer Forderungen nach »nicht-religiöser Interpretation«[20], nach symbolisch-gebrochenen Glaubensweisen[21], nach »sprachlicher Befreiung«[22] vergessen zu haben scheinen oder zumindest nicht viel damit anzufangen wissen.

Gleichzeitig ist das Problembewußtsein durchweg sehr hoch. G. Kittel, I. Baldermann, H. Grosch und H. Halbfas vertraten die Auffassung

15 *H. Blumenberg*, Höhlenausgänge, Frankfurt 1996, S. 62.

16 P. Sloterdijk, a.a.O., 149.

17 *M. Walser*, Die Anselm Christlein-Trilogie, Band 1 (Halbzeit), Frankfurt 1960, S. 354.

18 *F. Melzer*, Unsere Sprache im Lichte der Christus-Offenbarung, in: Probleme der religiösen Sprache, hg. v. M. Kaempfert, Stuttgart 1983, S. 42-44.

19 *F. Weidmann*, Religionsunterricht als Sprachgeschehen, Zürich 1973.

20 Vgl. Dietrich Bonhoeffer an Eberhard Bethge am 5.5.1944.

21 Vgl. *P. Tillich*, Offenbarung und Glaube (Schriften zur Theologie II), GW VIII, Stuttgart 1970, S. 131.139-148; *ders.*, Sein und Sinn, GW XI, Stuttgart 1969, S. 134-137.

22 Vgl. *H. Halbfas*, Das dritte Auge, Stuttgart 1982, S. 49.

einer biblischen Sprachlehre als Propädeutik. G. Kittel verwies auf eine nicht näher erklärte »begründete hermeneutische Einsicht (...), die darum weiß, daß wir die Botschaft der Bibel nur in ihrer eigenen Sprache haben und bewahren können und daß alle Versuche, so etwas wie ihren Sinn herauszuheben und im Gewand heutiger Sprache zu vermitteln, nicht ohne einen erheblichen Substanzverlust vor sich gehen.«[23] Zugleich beklagte sie explizit das Dilemma eines altklugen und inhaltsleeren »Religionsstunden-Sprachschatzes«, schimpfte über »die Flut der immer viel zu früh kommenden ›richtigen‹ Antworten« und verwies auf die »leeren Formeln« einer »Sprache Kanaans (...) für feierliche Gelegenheiten«.[24] Ihre Option, diesem Problem durch eine am Beispiel der Psalmen erarbeitete immense intellektuelle Apparatur (in Kooperation mit dem Deutschunterricht) abzuhelfen und die Hoffnung, säkularisierte Welt könnte vielleicht durch kontinuierliche Sprachgewöhnung wieder zu einer (beiläufig als besser und einheitlicher imaginisierten) Welt der Bibel zurückfinden, blieb allerdings Nostalgie. So erweisen sich evangelistisch-missionarische Ansprüche nicht selten als Selbstzuspruch der Art, wie man sich selbst im dunklen Keller Mut zuredet, statt den Keller zu erhellen, und die »Geschäftigkeit um die Verbreitung der Religion (ist) nur die fromme Sehnsucht des Fremdlings nach seiner Heimat, das Bestreben sein Vaterland mit sich zu führen, und die Gesetze und Sitten desselben«[25], wie Schleiermacher scharfsinnig formulierte.

Ist wohl in verschiedenen Favorisierungen des Erzählens die Performance einer Sprachlichkeit des menschlichen Weltumgangs (langage) implizit wohl durchaus noch gewärtig, kommt diese aber selbst trotz vorhandenem sprachphilosophischem Horizont bis auf vereinzelte Ausnahmen nicht ausdrücklich zur Sprache. Ingo Baldermann resignierte: »Wir wissen, daß die Sprache das eigentlich Menschliche am Menschen ist; aber wenn wir den Vorgang des Sprechens beschreiben sollen, müssen technische Metaphern wie ›Kanal‹, ›Sender‹ und ›Empfänger‹ herhalten.«[26] Was hier immerhin noch mit scharfem Problembewußtsein als Mangel empfunden und beklagt wird, soll dann Tugend sein[27]. Während der idealistische Bluff-Effekt dezisionistischer Verfügungshermeneutik (also das naiv subjektzentrierte Zeichen-Setzen und Sinn-Machen) in der Linguistik längst verpufft ist,

23 *G. Kittel*, Die Sprache der Psalmen, Göttingen 1973, S. 13.

24 Ebd. S. 13f.

25 *F.D.E. Schleiermacher*, Über die Religion. Reden an die Gebildeten unter ihren Verächtern, Hamburg 1958, S. 106.

26 *I. Baldermann*, Die Bibel – Buch des Lernens. Grundzüge biblischer Didaktik, Göttingen 1980, S. 21.

27 Ich beziehe ich mich in den folgenden Passagen mehrfach kritisch auf eine Broschüre des Bonner Religionspädagogen *M. Meyer-Blanck*, Vom Symbol zum Zeichen. Symboldidaktik und Semiotik, Hannover 1995.

wurde damit begonnen, derartige Geschichten unter Ausblendung von Referentenbezügen als formallogische Aufgaben für Programmierübungen kontextfreier Grammatiken auch für die Theologie in Anschlag zu bringen und »Code (als Regelsystem zur Verknüpfung von Zeichen)«[28] zu empfehlen: »Nicht die ›Bedeutungstiefe von religiösen Symbolen‹, sondern die offene Kommunikation christlicher Zeichen dürfte der angemessene Inhalt religionsdidaktischer Bemühungen sein«[29]. Mit der Schlüsselmetapher (Code) soll nun auch in der Theologie herme(neu)tisch abgeschlossen werden, und beim entsprechenden Aufschließen der Welt wird dann vergessen, daß Hermeneutik so nur sich selbst entschlüsselt: Selbsthermeneutisierung. Derartig schlüssige Hermeneutik will autopoietische Systeme stilisieren, die sie ausdrücklich geschickt »offen« nennt, wobei Anschlußfähigkeit und Kompatibilität gemeint sind. Dies schlägt leicht in semiotische Verklärung um: »Eine aneignende Semiose der Interpreten mit offenem Ausgang gehört zum Zeichenprozeß im Neuen Testament. Andererseits ist nicht die unbegrenzte Offenheit der Zeichenlektüre intendiert, sondern ihre angemessene Decodierung im Anbruch des Reiches Gottes«[30]. So läuft es letztlich[31] auf Sprachverfügung im Namen der Unverfügbarkeit von Wahrheit hinaus, was logosmäßig zum Himmel schreit. Denn sich selbst dazwischenzureden *bleibt* Sprachverfügung, eine gute Gelegenheit daran zu erinnern, daß Luther sich als Theologe mit semiotischem Horizont den verführerisch klärenden, linguistisch-semantischen Codeinstrumentalisierungen Zwinglis sperrte.

> »Gott darf gelöscht werden, zumindest im Computer. Das hat jetzt einer der führenden Rabbiner Israels bekanntgegeben. Mosche Schaul Klein veröffentlichte eine Entscheidung in der Computerzeitschrift Mahscheva Tova, die sich an orthodoxe Juden richtet. ›Die Buchstaben auf dem Computerschirm bestehen aus Pixeln, das heißt aus Lichtpunkten‹, erläutert ein Assistent des Rabbiners. ›Selbst auf der Festplatte ist es nichts als eine Ansammlung von Einsen und Nullen.‹ Das gedruckte Wort Gott, auf hebräisch Elohim, muß dem jüdischen Glauben zufolge aufbewahrt oder rituell beerdigt werden.«
>
> Meldung der FAZ vom 6. Januar 1999
> (Dreikönigstag; Associated Press)

Beredtes Zeugnis idealsprachlicher und normalsprachlicher Ansätze gleicher-maßen gibt ihr Motiv, hinter bzw. vor die Sprache kommen zu wollen und damit vielleicht an ihr vorbei. Idealsprachlich-

28 Ebd., S. 42.
29 Ebd., S. 72.
30 Ebd., S. 108.
31 Vgl. ebd., S. 124f.

analytische Logistiken gleichen »dem Vermögen der Taube, zu glauben, sie könne im luftleeren Raum besser fliegen als in der Luft«[32], wie es mit poetischer Präzision bei Bruno Liebrucks heißt. »Das linguistische Manifest des Paulus I Kor 14,6-12 ist näherhin Vermahnung hyper-tropher ›Linguisterie‹«, erinnnert Lacan.[33] Die Rücksicht normal- oder alltagssprachlicher Pragmatiken auf Benutzer verfehlt nämlich ebenfalls die Provokation der Sprache (langage): was sich als Benutzer ausgibt ist stets auch sprachgenährtes, sprachvermitteltes, versprochenes und (buchstäblich sich) versprechendes Medium.

»Nihil extra usum« spricht Meyer-Blanck (Gebrauchtes Lateinisch).[35] Mit der Frage nach dem Gebrauch soll die zentrale Frage nach dem Woher des Sprechens »im Banne der sogenannten symbolischen ›Teilhabemetapher‹« (ebd.) erledigt sein. Soll hier mit Nietzsche bewiesen werden, daß wir Gott auch dann nicht los werden, wenn wir nicht mehr an die Grammatik glauben?

Jedenfalls wird Luthers Rat, dem Volk aufs Maul zu schauen, nicht als Theologumenon oder wenigstens mit sprachursprungsphilosophischer Ahnung, sondern als semiotischer Motivations-Zeichen-Trick verstanden. Dem Volk aufs Maul schauen meint anderes als dem Volk nach dem Munde zu reden. Meyer-Blanck hofft: die »allgemein-säkulare, kommunikationstheoretische Sicht dürfte Jugendlichen gerade helfen, sich theologischen Inhalten ohne Angst vor institutionellem Dogmatismus zu nähern«.[36] Eberhard Jüngel lehnte dies als irrig ab, wenngleich er auch Verständnis äußerte für »das Verlangen der Theologen ... , die Operationalität des Glaubens wieder zu entdecken, über den man in positiven Begriffen Rechenschaft ablegen kann.«[37] Derartig motiviert wurde in der Theologie eine der Scholastik, dem Buchdruck und der historisch-kritischen Exegese verpflichtete, von Hamann und Herder beeinflußte Wort-Gottes-Theologie eines Fuchs, Ebeling und Jüngel zunächst durch Ansätze bzw. kritische Rezeption »linguistischer Theo-

> »Er lernte, sich mit den Vögeln zu verständigen, und entdeckte, daß ihre Gespräche unglaublich langweilig waren. Sie drehten sich allesamt um Windgeschwindigkeiten, Spannweiten, Kraft-Gewicht-Relationen und zu einem beträchtlichen Teil um Beeren.«[34]

[32] *B. Liebrucks*, Sprache und Bewußtsein, Frankfurt 1970, Bd. 4, S. 92.

[33] J. Lacan, Encore, a.a.O., S. 20.

[34] *D. Adams*, Das Leben, das Universum und der ganze Rest, Zweitausendeins 1982, S. 207.

[35] M. Meyer-Blanck, a.a.O., S. 85.86.89.125.

[36] Ebd., S. 118.

[37] *E. Jüngel*, Metaphorische Wahrheit. Erwägungen zur theologischen Relevanz der Metapher als Beitrag zur Hermeneutik einer narrativen Theologie, in: *P. Ricoeur/E. Jüngel*, Metapher. Zur Hermeneutik religiöser Sprache, München 1974, S. 92.

logie« (E. Güttgemanns, I.U. Dalferth) beerbt, die sprachanalytisch mit offiziöser Orientierungsrhetorik aufräumen wollten. Dem kam ganz andere Medienpraxis dazwischen: @ kommt immer gut an. Nun wird im Internet längst unbesonnen und selbstvergessen zugleich »Computermission« betrieben. Theologischer Fundamentalismus fühlt sich in einer Umgebung vorprogrammierter Abläufe wohl.

»Die kommunikativen Prozesse, in denen es um den Gebrauch von Zeichen geht, werden *funktionalisiert.* Bei Meyer-Blanck bleiben die semiotische und die theologische Sicht von Symbolen *nebeneinander* stehen; eine in sich stimmige semiotisch orientierte Symboltheorie, die sich zugleich theologisch wie pädagogisch verantworten läßt, ist von vornherein nicht zu erwarten. Die Semiotik hat nur für die Didaktik Bedeutung. Die Konzeption führt zu einer Spaltung von funktional angelegten religiösen Lernprozessen, in denen die Wahrheitsfrage (der Lernenden) keinen Platz hat, und theologischen Diskursen – wie soll das in der Praxis realisierbar sein? – , letztlich zu einer Spaltung von Didaktik und Theologie.«[38]

An Appellen zu Sprachdisziplin mangelt es derweilen nicht. Und doch bleibt der Satz gültig: »Deine Sprache verrät dich.« Was die Mägde im Palast des Hohenpriesters Petrus entgegenhalten, gilt für die sprachliche Präsentation des Evangeliums ebenso. Es geht nicht an, entsprechendes Populärwissen der Transaktionsanalyse (Sachaspekt, Beziehungsaspekt, *Selbstoffenbarungsaspekt*, Appellaspekt[40]) zu ignorieren. Meyer-Blanck sieht in der Sprachmischung, die »alle Katzen grau« werden ließe, die Riskantheit von Semiose.[41] »Das semiologische Abenteuer« (Roland Barthes) der Theologie besteht jedoch nicht in der Vermischung säkularer und sakraler Sprachsphären, die allemal profan bleiben, sondern darin, daß nie feststeht, wer je und je spricht (eine Anspielung auf die französisch basierte Ich-Differenzierung zwischen Je und moi, siehe An-

> Ein Kollege hielt Tillich vor: »Von den Engländern hat man gesagt, daß, wenn sie ›Gott‹ sagen, sie ›Kattun‹ meinen. Von Ihnen, Herr Tillich, möchte man behaupten, daß, wenn Sie ›Kattun‹ sagen, Sie ›Gott‹ meinen. Warum sagen Sie nicht lieber gleich Gott?« Tillich antwortete darauf mit großem Ernst: Solange die Menschen das Wort ›Gott‹ nicht mehr verstehen, werde ich ›Kattun‹ sagen, vorausgesetzt, sie verstehen, daß ich ihnen etwas von ›Gott‹ sagen will.«[39]

38 *P. Biehl*, Festsymbole. Kreative Wahrnehmung als Ort der Symboldidaktik, Neukirchen-Vluyn 1999, S. 13.

39 *R. Albrecht/M. Hahl* (Hg.), Paul Tillich. Ein Lebensbild in Dokumenten, Stuttgart 1980, S. 173f.

40 Vgl. F. v. Thun, Miteinander Reden, Band 1, Reinbek 1993, S. 13f.99ff.

41 M. Meyer-Blanck, a.a.O., S. 104.

hang) und was ge-, be- und versprochen wird. Ist Sprachlichkeit (langage) auch point of no return, so ergab der »linguistic turn« das Verstummen der Sprache angesichts ihrer Zurichtung. Die »Verhexung unsres Verstandes durch die Mittel unserer Sprache«[42] (L. Wittgenstein) zeigt sich als Verhexung, die dadurch bewirkt wird, Sprache nur als Mittel zum Zweck anzusehen. Wittgensteins frühes Verdikt, den Rest zu verschweigen (»Worüber man nicht sprechen kann muß man schweigen«) verspricht vielsagende Ambiguität, wenn man zwischen den Zeilen hört, daß sich das Unaussprechliche im Schweigen zeigt (»Es gibt allerdings Unaussprechliches. Dies zeigt sich«, Schlußwendung des Traktats). Außerdem gilt: worüber man nicht schweigen kann, darüber muß man sprechen. Desweiteren wird theologisch vielfach vergessen, daß die Sprachkörper auch Körpersprache beherrschen, neben der Wortwahl z.B. durch Duktus, Gestus, Habitus, Tremolo und Stil, die gegebenenfalls jeden Inhalt sabotieren. So oder so gilt: »Wir aber bleiben auf dem Gebetsteppich unserer Terminologie.«[43] Es kommt darauf an, dies zur Sprache (langage) kommen zu lassen. Karl Barth sagte 1922 in einem Vortrag: »Wir sollen als Theologen von Gott reden. Wir sind aber Menschen und können als solche nicht von Gott reden. Wir sollen beides, unser Sollen und unser Nicht-Können, wissen und eben damit Gott die Ehre geben.«[44] Eine erste theologische Konsequenz dieses Barth-Theologumenons wäre es vielleicht laut Robert Gernhardt, sich mehr auf das Nichtsagen des Sagbaren zu besinnen.

»Das Wort« kann kein Fundament sein, das »Wort Gottes« um Gottes Willen nicht, weil es schöpfungsmäßig keine Sprache über den Sprachen gibt. Was bleibt ist die Be- und Um-Schreibung, verbindliche Tradition, Confessio, anerkannter, gebrochener Mythos. Der je bestimmte Sinn des Evangeliums ist nicht an bestimmte Medien und Formen religiöser Sprache gebunden. Jargon ist nur Entgegenkommen und Zugeständnis durchs Inkommensurable. Gottesrede (Theologie) ist auch nicht daran als Gottesrede zu erkennen, daß sie die einmal ergangene Gottesrede (Bibeltexte) wörtlich nachbuchstabiert. Ob Gott spricht oder Gottes Wort benutzt wird, ist jedenfalls nicht äußerlich am Jargon identifizierbar: Auf vielem steht zwar »Herr!, Herr!« drauf, aber es sind vielleicht Zugehörigkeitsbedürfnisse oder Starallüren drin. Und auf manchem steht wohl »McDonalds«, »Coca Cola«, »Metallica« oder »Tote Hosen« drauf und dran, und Gott spricht hier?

42 Phil. Unters. I, hg. *G.E.M. Anscombe/G.H. v. Wright/R. Rhees*, Schr. 1 (1960), 296, § 109, S. 342.

43 *U. Weißenfels*, Von der Sprachlosigkeit unseres Wissens und der Unwissenheit unserer Sprache, in: WzM 35 (1983), S. 282-291, hier: S. 284.

44 *K. Barth*, Das Wort Gottes als Aufgabe der Theologie, in: *J. Moltmann* (Hg.), Anfänge der dialektischen Theologie, München 1966, S. 199.

– wer weiß. Es kann jedenfalls nicht Sinn von Theologie, von Predigt und Religionsunterricht sein, daß Menschen »in einer übel verstandenen Kunstsprache nur einige unpassende Worte herlallen wollen, die nicht ihr eigen sind«[45] nach dem Motto »friß Vogel, oder stirb.«[46] Es wird darum gehen, semantische securitas (Vokabelbeherrschung) nicht mit semiotischer certitudo (kommunikative Kompetenz) zu verwechseln.

»Während ich mich den Religiösen gegenüber oft scheue, den Namen Gottes zu nennen, – weil er mir hier irgendwie falsch zu klingen scheint und ich mir selbst etwas unehrlich vorkomme (besonders schlimm ist es, wenn die anderen in religiöser Terminologie zu reden anfangen, dann verstumme ich fast völlig und es wird mir irgendwie schwül und unbehaglich) – kann ich den Religionslosen gegenüber gelegentlich ganz ruhig und wie selbstverständlich Gott nennen.«[47]

III. Rechte Spalte: Weite Sprachauffassung / Weltanschauung 2

»Die Sprache ist der dem objektiven Gedanken hinzutretende Mensch.«[48]

»Eine ... integrative Sprachkonzeption ist freilich bislang nur Postulat.«[49] Dabei bedürften laut Lacan »die Grundlagen des Sprechens gerade auf den Gebieten ..., wo dessen Gebrauch ... an Unaussprechliches grenzt, mehr denn je der Untersuchung: dem der pädagogischen Bemutterung, dem der wohlwollenden Samariterdienste und dem der Herrschaft durch Dialektik«[50].
»Wort und Sprache sind jene Medien, durch die der Mensch in geistige Verbindung zu seiner Umwelt tritt« (B. Klappert, s.o.). Aber das sprachliche Durchschreiten im Übergangselement Sprache gleicht eher einem getriebenen Streben, Irren und Wandern, das nicht recht weiß, wie die Orte heißen, nach denen es sucht. Dabei werden dessen Wege durch andere Welten durchkreuzt, durchquert und phasenweise begleitet, ohne die Begleitung ganz fassen oder feststellen zu können (Emmaus). Doch »Sprache nicht als Mittel von Propaganda zu ver-

45 *F.D.E. Schleiermacher*, Über die Religion. Reden an die Gebildeten unter ihren Verächtern, Hamburg 1958, S. 78f.
46 *D. Bonhoeffer*, Widerstand und Ergebung, München 1970, S. 312.
47 *D. Bonhoeffer* an Eberhard Bethge, in: Widerstand und Ergebung, München 1970, S. 305-307.
48 *W. v. Humboldt*, zitiert bei *Leo Weisgerber*, Das Menschheitsgesetz der Sprache, Heidelberg 1964, S. 20.
49 *I.U. Dalferth*, Religiöse Rede von Gott, Münster 1981, S. 159.
50 *J. Lacan*, Schriften I, Frankfurt 1975, S. 79.

wenden, sondern als etwas zu respektieren, das dem Sprechenden widerfährt, ist nicht besonders populär.«[51]
Es ginge darum, im Sinne einer Theosemiotik »Sprachkritik als universales Vorgehen« zu verstehen«[52]. »Die Sprache ist der dem objektiven Gedanken hinzutretende Mensch.«[53] »Sprachlicher Weltumgang« ist zu verstehen als Bildrede eines humanen, umfassenden Kommunikationsbegriffs. Grundfrage ist dabei die Problematik der Aufnahme der Botschaft des Anderen. Diese Problematik muß mitnichten zu einer »Anti-Hermeneutik«[54] führen. Wo Hermeneutik an ihre Grenzen stößt, beginnt Semiotik (im oben erklärten, umfassenden Sinne; Sloterdijk spricht vom »Energeto-Semantiker«). Semiotik: Phänomene auf der Schwelle zwischen Semantik und Energetik. Der Sprachprozeß ist nicht rationalisierbar. Schon Hamann hatte entsprechende Komplexität reduziert auf den Satz »Vernunft ist Sprache/Logos!« Alle Optionen auf Ideologiekritik haben in dieser dezentrierenden Vor-Läufigkeit der Sprache ihre conditio sine qua non als strukturales »Protestantisches Prinzip« (P. Tillich). Ontotheologischem Logozentrismus versteht dezentraler Logos anthropotheologisch zu widersprechen (Theonomie alias Theologie).
Sprache kann nicht erst in syntaktischer Dimension, sondern schon im Blick auf die Einzelbegriffe als Inbegriff und Sinnbild von semiotischen Dekonstruktionsprozessen gelten. Dekonstruktivismus bzw. Neostrukturalismus nehmen Sprache, d.h. das Sprechen des Begriffs – gen. subj. und obj. – als Bild jeder komplexen Organisation von Wirklichkeit. Die Komplexität ergibt sich vor allem daraus, daß das Autorenzentrum des Sprechens ständig entzogen wird/ist, wofür mythisch das Kürzel »Babel« steht (vgl. Gen 11), eine Not, die Pfingsten als Tugend gefeiert wird: wenn es auch keine direkte »stairway to heaven« gibt, so gibt es ein zerstreuendes und unterhaltendes Übergangselement. Dem (Babel-)Projekt, Signifikanz phallisch festzustellen, dem freundlich lockenden »Terror des Konsens« (Jacques Derrida) und der »Monsterökumene« (Peter Sloterdijk), wird so theonom gewehrt.
Die Frage nach einer sinnvollen Rede von Gott, die aufgrund seiner Gott-/Fremdheit die an die menschliche Stimme gebundene Sprache in dem Maße übersteigen muß, wie sie positive theologische Aussagen

51 *B. Kirchhoff*, Freud wieder ernst genommen: *Das Ich ist nicht Herr im eigenen Haus*. Ich denke da, wo ich nicht bin. Unter dem Eindruck von Jacques Lacan: Die Kastration ist (k)ein Märchen, in: B. Beuscher, Positives Paradox, a.a.O., S. 211.
52 *E. Heintel*, Artikel Sprachphilosophie TRE (im Erscheinen).
53 *W. v. Humboldt*, zitiert bei *Leo Weisgerber*, Das Menschheitsgesetz der Sprache, Heidelberg 1964, S. 20.
54 *J. Laplanche*, Die Psychoanalyse als Anti-Hermeneutik, in: Psyche 7 (1998), S. 605ff.

über Gott zu treffen hat, war religiös immer schon präsent.[55] In den Bibelwissenschaften ist die Frage nach den Namen Gottes ein zentrales und umfassendes Thema. Daß die Juden das heilige Tetragramm der hebräisch-konsonantischen Schriftzeichen J-H-W-H mündlich als »Adonaj« lasen bzw. eine Tradition pluralistisch-monotheistisch von »Elohim« zu sprechen pflegte, geschah sicherlich nicht (wie es im Brockhaus-Lexikon zur Bibel heißt) »infolge übertrieben ängstlicher Befolgung des 3. Gebotes (Ex 20,7)«, sondern eher aus Respekt vor der Sache und Gründen wissenschaftlicher Seriosität. Nichtsdestotrotz ist das »Unaussprechliche« als solches immer schon ausgesprochen, wie auch im Ausgesprochenen stets Unaussprechliches wirksam ist.

Hat Theologie in letzter Zeit auch mit Sprache (langage) wenig am Hut, so passieren laut Heidegger dem »Haus des Seins« als »Eksistenz« in der »Hut« der »Sprache«[56] als Übergangselement Umordnungen, die den kleinen Neffen Freuds ausrufen ließ: »Wenn jemand spricht, wird es heller!«[57] Die Heimtücke liegt nicht in der Baufälligkeit des Hauses, sondern in der Frage, ob das Ich Herr im eigenen Haus ist, was Luther und Freud bekanntlich verneinten. Um den aus Minimalverständigungsgründen unvermeidlichen grammatikalischen und syntaktischen Konventionen noch halbwegs zu entsprechen, entwerfen dezentraler Konstruktivismus und neostrukturalistische Phänomenologie ihre Modelle vorläufig notgedrungen paradox, und holen damit unabsichtlich theologisch-prophetische Elementarkompetenz im Sinne konfessorischer Glaubenssprünge ein, wofür bei Tillich der Fachbegriff »Entschlossenheit« steht[58]: hier steh ich nun, ich kann nicht anders, – *subjektivistisch ohne Ich-Zentrum*, also »*von woanders*«, wie es bei Lacan stereotyp heißt.

Als Radikalisierung von Phänomenologie versus erkenntnistheoretischem Voyeurismus wendet dezentraler Konstruktivismus seine Konzeption auf sich selbst an, was eben gerade nicht auf ein schwaches Selbstbewußtsein hinweist, und es ergibt sich Stimmigkeit ohne Redundanz: auch der Konstruktivismus ist ein Konstrukt. *Konstruktivismus ist ein Konstrukt von woanders* und keine tetragrammimitierende

[55] Eugen Biser sah »im Namen ›Gott‹ die radikalste aller religiösen Sprachbarrieren« (*E. Biser*, Religiöse Sprachbarrieren. Aufbau einer Logoaporetik, München 1980, S. 366); die Relevanz des eschatologischen Vorbehaltes aller Theologie werde in ihrer Sprachaporetik greifbar. Im jüdischen Kulturkreis ist dafür Moses Maimonides (*M. Maimonides*, The guide of the perplexed I, Kap. 46, übersetzt von S. Pines, Vorwort zu L. Strauss 1, Chicago 1963, S. 97ff), im islamischen Al-Ghazali (*Al-Ghazali*, The ninety-nine beautiful names of God, in: *D.B. Burrell/N. Daher*, The Islamic texts soc., Cambridge 1992) und im christlichen Ps.-Dionysius Areopagitas »De divinis nominibus« repräsentativ.

[56] *M. Heidegger*, Über den Humanismus, Frankfurt 1949, S. 51f.

[57] *S. Freud*, Studienausgabe, Band I, Frankfurt 1969, S. 393.

[58] *P. Tillich*, GW III, Stuttgart 1965, S. 69.

Barockkonvolute (J-H-W-H→AΩ→@). Das bedeutet z.B., daß »der Schriftsteller eher eine Schreibkraft als ein Autor«[59] ist, was dem Bochumer Bibelwissenschaftler Jürgen Ebach Anlaß gibt, jenseits der Kategorien »Fliegenbeinzähler« oder »Feuilletonist« auf dem (Eigen)Sinn sachgerechter »Vielfalt ohne Willkür« zu beharren mit Psalm 62,12 als Motto: »Eines hat Gott geredet, zwei sinds, die ich gehört habe.«[60] Nicht »Wer hat das Sagen?«, sondern »Wo ist das Sprechen? Wo ist die Sprache?«[61] und »Wer spricht?« fragt entsprechend hintergründig Lacan und zitiert mehrfach die paradoxe neutestamentliche Aufforderung, wer Ohren habe zu hören, der solle hören. Gottes Anwesenheit sollte *im Entzug* durch Text, heiligen Text, präsent und kommunikabel gemacht werden. Der heilige Text, mit dem Finger Gottes auf Steintafeln geschrieben, zerbricht als erstes einmal, – analog zum Zermalmen des Standbildes. Bilder sollten nicht festgestellt, festgeschrieben, fundiert und fundamentiert werden. Dem entspricht die einzige überlieferte Stelle in den Evangelien, wo Jesus etwas schreibt. Jesus schreibt angesichts klarer Gesetzeslage (Exegese) stumm gebückt in den Staub des Tempelbodens (Joh 8,5). »Wir erfahren nicht, was er schreibt, nur daß er schreibt. Er schreibt Gegenschrift, sie wird nur kurz zu lesen und bald verschwunden sein.«[62] Eine dezentral-konstruktive Semiotik der Lücke, die Mangel und Leerstellen als Chance sieht, macht Bemühungen um klareres Sprechen und weiteres, anderes Verstehen erst sinnfähig.[63] Alfons Rekkermann gibt dazu einen resümmierenden Doppelpunkt: »Sprache ist eine absolute Wahrheitsbedingung des Denkens, da sie die überkommenen Formen des verdinglichten Bewußtseins überwindet (W. Benjamin, Th. W. Adorno), die Denkgewohnheiten der onto-theologisch

[59] *B. Kirchhoff*, a.a.O., S. 209.

[60] Vgl. dazu *Jürgen Ebach*, Die Bibel beginnt mit »b«. Vielfalt ohne Beliebigkeit, in: *ders.*, Gott im Wort. Drei Studien zur biblischen Exegese und Hermeneutik, Neukirchen-Vluyn 1997, S. 85-114.

[61] *J. Lacan*, Das Ich in der Theorie Freuds und in der Technik der Psychoanalyse, a.a.O., S. 351.

[62] *E. Nordhofen*, Die Zukunft des Monotheismus, in: Nach Gott fragen, Sonderheft Merkur 9/10 (1999), S. 844.

[63] »Das göttliche Inkognito bleibt bei aller Klarheit und Eindeutigkeit des Evangeliums streng gewahrt ... Kirchlich ist jeder menschliche Apparat zur Herstellung, Aufrechterhaltung und Ordnung der Beziehung zu Gott ... Gleichnis der unverbrüchlichen Einheit der Wahrheit ist die fatale klappernde Systematik ... (Der Christ) wird keinen Standpunkt beziehen ohne die heimliche Absicht, ihn möglichst rasch wieder zu räumen, wenn der taktische Zweck (denn darum bloß kann es sich handeln!) erreicht ist. Er wird nie aufbauen, ohne zugleich Zurüstung zum Abbau zu treffen. Er wird immer bereit sein, alles zu tun gegen die gefährliche Stabilität seines eigenen Wortes ... (*K. Barth*, Der Römerbrief, Zweite Auflage Zürich 1922, S. 246-350). Aber dafür braucht eben kein Karl Barth (destruktiv) zu sorgen, dafür ist (dezentral/von woanders) längst gesorgt!«

grundverfaßten europäischen Metaphysik in ihren Grund destruiert (M. Heidegger), alles Denken und Handeln auf die Bedingungen von ›Sprachlichkeit‹ verpflichtet (B. Liebrucks) oder auf eine sprachanaloge ›Grammatik‹ des Wirklichkeitsverhaltens überhaupt verweist (Strukturalismus).«[64]

Eröffneten sich schon Schleiermacher »von Seiten der Sprache angesehen« Phänomene wie »Oszillation der Persönlichkeit« oder »Einheit durch Pluralität«[65], so geht es mit Worten Bruno Liebrucks' um den Realidealcharakter, um Sprachlichkeit von Schrift schon als Ziffern schlechthin, und damit umgekehrt auch darum, daß das Unbewußte buchstäblich wie eine Sprache strukturiert ist (J. Lacan, S. Leclaire). Das von K.-O. Apel geforderte »Leibapriori der Erkenntnis« – H. Timm sprach vom »Eintritt ins Fleisch« unter Verweis auf die »Körperlichkeit des Textes« versus »logozentrischer Übersteigerung der grammatikalischen Matrix«[66] – manifestiert sich also nicht erst in der Tinte, dem Schreibgerät (Mont Blanc / Apple Powerbook) oder bibliophilen Leinenausgaben, sondern »die Leiblichkeit steckt im ›lich‹ von ›Sprachlichkeit« (Liebrucks).

1769 verfaßte Johann Gottfried Herder erfolgreich eine Preisschrift der Königlichen Akademie der Wissenschaften Berlin. Seine »Abhandlung über den Ursprung der Sprache«[67] vermittelte die einseitig rationalistischen bzw. sensualistischen Ansätze seiner Diskursgegner Johann Peter Süßmilch und Bonnot de Condillac. Ahnen läßt sich die Brillanz und Brisanz seiner Ausführungen alleine schon anhand des ersten und einem der letzten Sätze dieser Schrift, welche lauten: »Schon als Tier hat der Mensch Sprache« und: »Der Ursprung der Sprache wird also nur auf eine würdige Art göttlich, sofern er menschlich ist.« Herder hat so genial – und im Blick auf das von ihm eingesetzte theologische Begriffsinstrumentarium auch konsequenter als alle nachfolgenden Denker – die »paradoxe Lösung« für das Problem in einer Art sprachtheologischer Performance vollzogen. Weil wir also ein Gespräch *sind* (Hölderlin)[68], »scheint ein Nashorn, das stumme Tier, zu sagen: ich bin ein Nashorn« (Adorno).

Was im theologischen Jargon mit »sola fide«, »Gnade«, »Sund und Gericht«, »simul justus et peccator« und »getrostem Verzweifeln an sich und seinen Werken«, mit »Dankespsalm« und »Klagelied« ge-

[64] *A. Reckermann*, Sprache und Metaphysik. Zur Kritik der sprachlichen Vernunft bei Herder und Humboldt, München 1979, S. 8f.

[65] *F. Schleiermacher*, Ethik 1812/13, S. 383f.

[66] *H. Timm*, Sage und Schreibe. Inszenierungen religiöser Lesekultur, Kampen 1995, S. 31.

[67] *J.G. Herder*, Abhandlung über den Ursprung der Sprache, Stuttgart 1966.

[68] *Daß ein Gespräch wir sind* wird sinnfällig bei Ereignissen wie z.B. der Cebit 2000: Tausende Menschen im gleichen Raum kommunizierten gleichzeitig friedlich, – nicht miteinander, sondern mit Handy-Gesprächspartnern.

meint ist, läßt sich auch profan formulieren in buchstäblicher Lesung einer Wendung aus dem Volksmund. Noch ehe wir laut etwas zu sagen haben, sind wir beim Namen gerufen. Unser »guter *Ruf*« erfährt jedoch im Laufe der Zeit Irritationen und Befremdungen; seine anfängliche, identitätsgarantierende Totalität nimmt Schaden, wird *ruiniert*. Dies hält eine Spur der Erinnerung daran wach, daß nicht wir das Leben aus uns heraus veranstalten (auto-nom), sondern daß wir Medium des Lebens sind: *es lebt sich*. Dann aber kann auch alle falsche *Scham* fallen: angesichts von Tod und Sünde völlig ungeniert nach dem Leben fragen, was - déja vus - hinausläuft auf die Redeweise: »Ist der Ruf erst ruiniert, lebt sichs völlig ungeniert.«
»Wir Menschen sind sprachlich, bevor wir sprechen lernen.«[69] »›Der Mensch spricht also, aber er tut es, weil das Symbol ihn zum Menschen gemacht hat‹, formuliert Lacan und betont damit, daß das Werden und Sein des Menschen fundamental in einem Symbolischen Universum verankert ist.«[70] »Deshalb müssen wir noch einmal auf die Struktur der Kommunikation in der Sprache zurückkommen und definitiv das Mißverständnis der Sprache als Zeichen (langage-signe) zerstreuen, das eine Quelle von Verwirrungen des Diskurses und von Fehlentwicklungen des Sprechens darstellt.«[71] Es ist auch im Blick auf die aktuelle Medienrevolution von entscheidender Bedeutung, »daß man Sprache nicht mit den verschiedenen somatischen und psychischen Funktionen verwechselt, von denen sie beim sprechenden Subjekt eher schlecht als recht begleitet wird. In erster Linie deswegen, weil die Sprache samt ihrer Struktur existiert, bevor ein beliebiges Subjekt in einem bestimmten Moment seiner geistigen Entwicklung in sie eintritt.«[72] Gründete in letzter Zeit theologisches Interesse an Sprache in dem Schluß, daß Sprache ein subjektgeleitetes Tun und Handeln ist, so liegt ein neues Interesse wieder auf dem Aspekt, daß jedes Tun und Handeln und jede Praxis auch eigensinnig spricht und sprechen läßt und auch alles Denken immer schon eigensinnige Sprachpraxis ist. Bedeutet Verdrängung nach Habermas, etwas von Sprache fernzuhalten[73], so kann es als eine theologische Aufgabe bezeichnet werden, den Menschen und »das, was ihn unbedingt angeht« (P. Tillich) von der Sprache her vielfältig buchstäblich zu Worte(n) kommen zu lassen, was im theologischen Sprachspiel nur umgekehrt *klingt* (vom Wort her zur Sprache bringen). Es geht im Sinne einer weiten und differenzierten Sprachauffassung darum, »den Menschen

[69] *B. Liebrucks*, Irrationaler Logos und rationaler Mythos, Würzburg 1982, S. 318.
[70] *G. Pagel*, Lacan zur Einführung, Hamburg 1991, S. 44.
[71] J. Lacan, Schriften I, a.a.O., S. 139f.
[72] *J. Lacan*, Schriften II, Olten 1975, S. 19.
[73] *J. Habermas*, Erkenntnis und Interesse, Frankfurt 1975, S. 274.

auf den Stand der Sprachlichkeit seines Bewußtseins zu bringen ... Verhalte dich sprachlich ... Nimm deine Sprachlichkeit in dein Bewußtsein auf, vor allem dort, wo du handelst.«[74] »Der Imperativ, den wir aufstellen, heißt: ›Handle sprachlich‹. Nicht heißt er: ›Sprich handlungsförmig‹.«[75] Für die Theologie bedeutet dies eine Akzentverschiebung weg von Verfügungsrationalität und elementaren Inhaltskatalogen (»sprich handlungsförmig«) zugunsten von Performance, Inszenierung, Drama und Stilkategorien (»handle sprachlich«).
So klagte Karl Barth (allerdings erst recht spät[76]) darüber, daß sein Werk »statt als Glosse als Text« aufgefaßt wurde.[77] Man kann auch von Gott nicht nicht kommunizieren: »Von Gott wird geredet.«[78] Die Frage ist nur wie. Das führt dazu, nach einem angemessenen Sprachstil zu fragen, welche Frage auf einen guten Bruch-Stil[79] (nicht Stilbruch!) hinausläuft. Freilich gilt mit Karl Barth: »Auch das Neinsagen, die Einsicht in das Paradox des Lebens ... auch die ›Gebrochenheit‹ *ist's nicht*, sofern sie Haltung, Standpunkt, Methode, System, Sache sein will ...«[80], womit Barth übrigens – ob selbstbewußt oder nicht, lasse ich hier offen – Probleme seines eigenen Oevres im Blick auf die Adäquatheit von Form und Inhalt kommentiert. Jochen Hörisch rezensierte: »Argumente sind unfein. Warum? Schon einfach deshalb, weil sie – anders als Bonmots, Sottisen, Fragmente, Aphorismen, Allusionen, essayistische Geistesblitze und Ironien – vom an-

74 B. Liebrucks, Sprache und Bewußtsein, a.a.O., Bd. 2, S. 4.

75 Ders., Irrationaler Logos, a.a.O., S. 347; es erfolgt also eine Umkehrung von J.L. Austins Programmatik »How to Do Things with Words« (1955) zu »How to Do Words with Things«.

76 Die Grenze von hermeneutischer Semantik auf der Syntaxebene der Grammatikeffekte und energetischer Semiotik ist markiert durch die Stilkategorie. Genau das hatte ein junger katholischer Kollege von Karl Barth schon 1922 durchschaut, der in seiner Rezension des Barthschen Römerbriefkommentars prompt schrieb: »Gerade um das auszudrücken, was der ›Römerbrief‹ in Wahrheit sagen wollte, mußte Barth anders reden lernen, als er im ›Römerbrief‹ geredet hat. Der ›Römerbrief‹ ist das, wogegen er selbst am schärfsten wettert und blitzt: ›religiöse Genialität‹. Sein Schreien ›nicht ich! Sondern Gott!‹ lenkt alle Blicke auf *ihn*, statt auf Gott. Sein Schrei nach Distanz ist distanzlos« (*H.U. v. Balthasar*, Karl Barth, Darstellung und Deutung seiner Theologie, Köln MCMLXII, S. 92.)

77 *K. Barth*, Das Wort Gottes und die Theologie, Ges. Vorträge I, München 1924, S. 99f.

78 *I.U. Dalferth*, Religiöse Rede von Gott, a.a.O., S. 17.

79 Vgl. dazu *G.M. Hoff*, Aporetische Theologie. Skizze eines Stils fundamentaler Theologie, Paderborn 1997: »Aporetische Theologie ist damit als ein wesentlicher Stil von Theologie zu charakterisieren ... Diesbezüglich wäre Aporetische Theologie eher als das bleibend aufgegebene Unternehmen einer Dekonsruktion der Theologie von ihrem Grund her anzugeben« (S. 185f); vgl. auch *L. Wiesing*, Stil statt Wahrheit. Kurt Schwitters und Ludwig Wittgenstein über Ästhetische Lebensformen, München 1991.

80 K. Barth, Der Römerbrief, a.a.O., 35.

deren Zustimmung, wenn nicht Unterwerfung fordern. Und schon geht der Kampf los, den man sich erspart, wenn man jenseits von Gut und Böse darauf achtet, daß man Mindestansprüchen an Stil standhält ... Stilbewußtsein ist ein Vorwarnsystem zur Verhinderung von Moraldiskursen ... Wir Postmodernen leiden nicht so sehr an einem Mangel an Moral als vielmehr an einem Mangel an Stil.«[81]

Anhand von Paul Virilio hebt Jochen Hörisch die prototheoretische Qualität von Beobachtungen, Thesen und Assoziationen hervor, nämlich »eine phänomennahe (und theorieferne!) Aufmerksamkeit und eine große assoziative Kraft. Unterhalb der Schwelle eingespielter Wahrnehmungen und Analysen spüren Assoziationen Zusammengehöriges auf – und zwar gerade die (peinlichen) Zusammenhänge, die von den Pseudothesen systematisierender Reflexion eher verdrängt werden. Virilios Essays animieren dazu, ohne Furcht vor Kategorienfehlern die naiven und verbotenen Kinderfragen zu stellen, die den Großtheorien das Fürchten lehren können. Etwa die, ob die Theorie der kommunikativen Kompetenz auch für diejenigen gilt, die kaum je den Walkman ablegen, oder für die, die ihre Autos in rasende 200-Watt-Quadrophonieanlagen verwandeln (um vom Fluglotsen und U-Boot-Kommandanten zu schweigen)? Oder ob die Elementarbegriffe von Raum und Zeit wirklich elementar sind, ob sie wirklich apriorische Formen unserer Anschauung bezeichnen? Haben nicht vielmehr Eisenbahnen, Autos, Flugzeuge, andere Drogen, Telephone, Fernsehgeräte, Faxleitungen, Internet und E-mail dafür gesorgt, daß selbst die letzten Apriori sich historisch verflüssigen und man allenfalls noch auf Philosophiekongressen plausibel als Kantianer seine Vorstellung haben kann? Weil er zu solchem Dreinreden ermuntert (und weil er häufig genug Standards des Argumentierens und Belegens zugunsten eines geradezu enthemmten Assoziationsflusses ausblendet), ist Virilio ein Enfant terrible der postmodernen Theorie-Szene.«[82]

Dabei kommt es aber als alles entscheidender Punkt darauf an, daß Bezugsgröße jeglicher Inszenierungen nicht der Reflex aufs Selbst bleibt, um »denkerisch neben seine eigenen liturgischen Vollzüge« zu treten und »mit dem eigenen Unbewußten umzugehen.«[83] Sondern es ist die zentrale Frage, ob und wie die Passion des Störenden, Ärgerlichen, Verunsichernden, Unbequemen, Fremden, Sperrigen, Anderen, Beiläufigen, des Abgespaltenen und nicht Approbierten gegen Selbstinstinkte und Selbsthermeneutisierung Asyl und Redezeit bekommen kann. Und dazu eignen sich profane Multimedien auch.

[81] J. Hörisch (unveröffentlichtes Manuskript).

[82] *J. Hörisch*, Ende der Vorstellung. Die Poesie der Medien, Frankfurt 1999, S. 168f.

[83] *M. Meyer-Blanck*, Inszenierung des Evangeliums, Göttingen 1997, S. 92.44. 155.

Hat Theologie dann vielleicht weniger über »Glück«, »Werte«, »Leben«, »Gott«, »Glaube«, »Liebe«, »Hoffnung« »Heiliger Geist« zu reden als vielmehr den Anführungszeichen, in denen alles zur Sprache kommt, praktisch-theologisch durch Inszenierungen zu entsprechen? Muß Theologie auch Sprachschule (langage) sein, sprachlich Experimental- und Buchstabierübung sein über (nicht unwichtige) griechische und hebräische Lese- und Schreib- und Winwordtechniken hinaus? Könnte so Sprache (langage) als theologisches Problem vielleicht als praktisch-theologisch inszenierte Sprach- *und* Sprechperformance Verständigungschance sein?

Paul Celan hat in seinem Psalm (vgl. »Die Niemandsrose«, 1963) die auffallend selten ausgespielte Möglichkeit praktiziert, frei von »Purpurworten«, also frei von Chiffren des wahren Lebenssinns, zu loben. Er verwirft nicht, daß *Niemand* an die Stelle Gottes getreten ist, sondern lobt *Niemand*: *»Gelobt seist du, Niemand«*. Celan setzt der modernen Versuchung, Transzendentalformeln-Verlust durch Dezisionismen und Fundamentalismen aller Art zu kompensieren, eine Ethik der Sprache gegenüber, die umso stärker verpflichtet, als sie weiß, daß sie grundlos ist. Ist also vielleicht die skrupulöse Rede die theologisch angemessenere, was demnach auch theologisch/religionspädagogisch zu beherzigen wäre? Keine Lieder, keine Gebete, keine Verse mehr?

Kein Theologie hat wie Friedrich Schleiermacher mit vergleichbarer Konsequenz die traditionellen christlichen Tröstungen in Frage gestellt. Die Lehren von der Auferstehung der Toten und der ewigen Seligkeit hat er mit einer Unbedingtheit kritisiert, die viele philosophische Aufklärer weit hinter sich läßt. In seiner Glaubenslehre (1822), dem Grunddokument neuprotestantischer Theologie, kommt Schleiermacher nur in einem kurzen Schlußkapitel sozusagen der Vollständigkeit halber auf die Eschatologie zu sprechen. Und zwar handelte es sich dabei nicht um erkenntniskritische Einwände oder allgemein philosophische Skepsis, sondern um eine fromme Skepsis. Bei Schleiermacher stehen sich nicht kritische Vernunft und traditioneller Offenbarungsglaube gegenüber, sondern zwei verschiedene Formen christlichen Glaubens, zwei Glaubensstile. Das Ergebnis seiner Dogmenkritik ist das Ende aller gegenständlichen Hoffnungsbilder. Was bleibt aber dann noch zu sagen?

Am 1. November 1829 mußte Schleiermacher seinen einzigen Sohn beerdigen. Der neunjährige Nathanael war plötzlich an Scharlach erkrankt und nach drei Tagen gestorben. Schleiermacher hatte spät geheiratet und war erst mit 52 Jahren Vater des ersehnten Sohnes geworden. Er legte den letzten Dienst an seinem Sohn nicht in fremde Hände, sondern suchte selbst nach tröstenden Worten. Was würde der berühmte Berliner Theologe, Philosoph und gefeierte Prediger, dieser zierliche, leicht bucklige Mann, sagen?

In der Grabrede für seinen Sohn fallen theologische Epochenwende und persönliche Krise in einem Moment zusammen. Wie schon im eingangs zitierten Romanzitat Martin Walsers zeigt sich auch hier das ganze Drama neuzeitlicher Theologie. Schleiermacher kommt in seiner Beerdigungsansprache ohne jeden Bezug auf die alte Ikonographie des ewigen Lebens aus. Es ist ein gebrochener Trost, den Schleiermacher seinen Zuhörern und sich selbst zuspricht. Keine Erlösungsgewißheit, die sich vom Sterben nicht anfechten läßt. Diese Ehrlichkeit – so schwer sie auch scheint – wird dem Leben sicher mehr gerecht als ideologische Stilisierungsstrategien, die den Fall und den Tod verleugnen, verdrängen, wegreden. Aber noch einmal sei mit Barth betont: »Auch das Neinsagen, die Einsicht in das Paradox des Lebens, die Beugung unter Gottes Gericht *ist's nicht*, auch das Warten auf Gott, auch die ›Gebrochenheit‹, auch die Haltung des ›biblischen Menschen‹ *ist's nicht*, sofern sie Haltung, Standpunkt, Methode, System, Sache sein will, sofern der Mensch sich damit von andern Menschen abheben will.«[84]

Das Bedürfnis, artikuliert in Lied, Text und Tanz zu klagen und zu loben, ist legitim. Soll denn nur der Werbung das Exklusivrecht auf Lob- und Preisgesänge bleiben und Katastrophenjournalismus und Gerichtsreportage das Recht auf Klagerituale? Ist es denn nicht auch ein Segen, angesichts der menschlichen Hinfälligkeit einige Worte als Geländer des Daseins, als »Übergangsobjekte« mitbekommen zu haben? Auch ist nichts gegen spontane herzhafte Jodler und Juchzer zu sagen. Und ist es denn nicht auch beglückend, Dank und Kummer eine schöne Form geben zu können? Sind die lebendigen (Symbol)Begriffe schlecht geworden? Wie konnten aus lebendigen (Symbol)Begriffen Formeln werden, »frommes Gelaber«, »frommdeutscher Slang« (»klares Zeugnis«) oder »profane language«? Weh dem, der für alles die passenden Worte parat hat. Und wehe dem, der keine Worte mehr hat.

Ob skrupulös oder euphorisch, ob poetisch oder formallogisch, ob mit Barth oder mit Basic, — es muß sprachlich/sprechend spürbar werden, daß Sprache kein Gestell ist, an dem wir die Dinge aufhängen wie Tiere zum Ausschlachten (Bruno Liebrucks), sondern daß »ein Gespräch wir sind« und *im* Gespräch wir sind von woanders.

Manfred Frank schließt seine Vorlesungen zum Neostrukturalismus mit dem Satz: »Wir sollten uns, unter diesen Umständen, einmal die Frage vorlegen, ob die Literatur uns angst macht, wenn sie uns den Notanker der Semantik aus der Hand schlägt.«[85] Machen uns deswegen auch die elektronischen Medien angst?

[84] *K. Barth*, Der Römerbrief (Zweite Fassung von 1922), Zürich 1989, S. 35; im Blick auf Barth ginge es allerdings darum, daß er diese inhaltliche Einsicht stilistisch ständig unterlief, wie Hans Urs von Balthasar sofort erkannt hatte (vgl. dazu *B. Beuscher/D. Zilleßen*, Religion und Profanität, Weinheim 1998).

[85] *M. Frank*, Was ist Neostrukturalismus, Frankfurt 1984, S. 606.

Das bald dreißig Jahre alte bon mot von Helmut Thielicke: »Die Bibel ist der Liebesbrief Gottes an uns und keine Reklamewurfsendung« klingt heute weniger kitschig. Hermann Timm sprach von einer »Flaschenpost« (38). Wichtig ist die SpaceBar, denn die Leertaste ist die größte auf der Klaviatur des Lebens. Den Zwischenräumen und Lükken ist Platz einzuräumen. Denn die Lücke ist der Ort, wo Sinn zünden kann (vgl. Semiotisches Glossar).

IV. Ausblick: Wie sich nun das Wort Gottes nützlich machen kann[86]

Alles was Modem hat lobe den Herrn.

Oft muß sich Theologie von Nichttheologen auf zentrale Fragen hinweisen lassen: »Ein Prediger, der sich darauf beschränkt, zu überlegen, wie ein Medium die Zahl seiner Zuhörer vergrößern kann, verfehlt die zentrale Frage: In welchem Sinne verändern die neuen Medien das, was mit Religion, mit Kirche und selbst mit Gott gemeint ist?«[87]

»Natürlich können wir das Fernsehen zu dem Zwecke verwenden, um an einem Gottesdienst teilzunehmen. Was uns dabei aber, ob wir es wollen oder nicht, genau so stark ›prägt‹ oder ›verwandelt‹ wie der Gottesdienst selbst, ist die Tatsache, daß wir an ihm gerade *nicht* teilnehmen, sondern *allein dessen Bild* konsumieren. Dieser Bilderbuch-Effekt ist aber offensichtlich von dem ›bezweckten‹ nicht nur verschieden, sondern dessen Gegenteil. Was uns prägt und entprägt, was uns formt und entformt, sind eben nicht nur die durch die ›Mittel‹ vermittelten Gegenstände, sondern die Mittel selbst, die Geräte selbst: die nicht nur Objekte möglicher Verwendung sind, sondern durch ihre festliegende Struktur und Funktion ihre Verwendung bereits festlegen und damit auch den Stil unserer Beschäftigung und unseres Lebens, kurz: uns.«[88]

Z.B. findet beim Chatten eine Verschriftlichung der Sprache gegenüber dem Schwätzchen beim Metzger oder am Telefon statt. Im Onli-

[86] Vgl. dazu *B. Beuscher, Remedia. Religion, Ethik, Medien.* Entwurf einer religionspädagogischen Theologie der Medien (Habilitation), Norderstedt Libri (Book on Demand) 1999 (vgl. auch www.bod.de, *link Autoren, link Bernd Beuscher*).

[87] *N. Postman*, Das Technopol, Frankfurt/M. 1992, S. 27; Postman spricht von »unsichtbaren Technologien«. Die sprachlichen Konventionen z.B. sind selbst solche unsichtbaren Technologien. Er bringt ein Beispiel: Zwei Priester sind sich nicht sicher, ob es zulässig ist, gleichzeitig zu rauchen und zu beten. Beide schreiben dem Papst. Der eine fragt: Ist es erlaubt, beim Beten zu rauchen? – Nein! Das Gebet soll die ungeteilte Aufmerksamkeit haben. Der andere schreibt: Ist es erlaubt, beim Rauchen zu beten? – Ja! Denn ein Gebet sei immer gut.

[88] *G. Anders*, Die Antiquiertheit des Menschen, München 1992, Bd. 1, S. 100.

ne-Chat fungiert Sprache als Schrift, d.h. das gesprochene Wort realisiert sich im Schreiben als Zeichen von Zeichen. Und zugleich fungiert Schrift im Online-Chat als interaktiv modellierbares und kontextuell situiertes Schreiben von Sprache, d.h. das geschriebene Wort wird nicht länger als Zeichen eines authentischen, selbst vermeintlich nicht mehr zeichenhaften Zeichens mißdeutet, sondern als Zeichen von Zeichen von Zeichen usw., d.h. als unendlicher semiotischer Verweisungszusammenhang verstanden. Allerdings ist dieser Umstand beim Chat nicht vertuscht und verborgen wie beim nicht sichtbaren Predigtmanuskript oder gar beim Ablesen vom Teleprompter. Die Verschriftlichung der Sprache und die Versprachlichung der Schrift als Effekt einer umfassenden Verbildlichung der Schrift bzw. Verschriftlichung des Bildes wäre m.E. also als semioenergetischer, sprachlicher Weltumgang zu begrüßen. Unsere Gehirnstrukturen werden sich ändern:

»Kinder sind es heute gewohnt, Informationen auf komplexe Weise aufzunehmen: zum Beispiel durch Bilder, geschriebene und gesprochene Wörter und Musik zugleich ... Haben wir zum Beispiel in der Schule noch von links nach rechts geschrieben, sausen die Kleinen heute mit dem Cursor auf dem Bildschirm umher, von rechts nach links, von unten nach oben und wieder zurück. Das Entscheidende: für das Hirn sind das alles völlig verschiedene Arbeitsgänge! Um die vielen Infos aufnehmen zu können, muß es sich neue Vernetzungen schaffen ... Unser Nachwuchs denkt schneller, kreativer, in ungewöhnlichen Bahnen, mehr in Bildern, er betrachtet die Dinge stets von mehreren Seiten, kann besser kombinieren.«[89]

Es ging und geht in der Theologie um den Umgang mit theologischer Sprach(ver)störung. Goethe weiß in »Dichtung und Wahrheit« von einem »durch Predigten und Religionsunterricht sogar trivial gewordnen Neuen Testament« zu erzählen.[90] Daß das Wort Gottes nicht zur Fremdsprache (parole/langue) wird (und Religionsunterricht nicht zur dritten Fremdsprache), wiewohl es genuin Fremd-Sprache (langage) ist und bleibt, läßt sich nicht verhindern durch direkten Verfügungszugriff auf der Ebene von langue/parole, durch frommdeutsche Wörterbücher und kanaanäische Vokabeltrainingsprogramme oder Sprachtabus, sondern mit Konzepten, die im Horizont von langage ansetzen.

Also:

*Raus mit der Sprache **aus*** der Theologie im Sinne einer Auslöschung alter oder sperriger Worte zugunsten modischer Aktualisierung auf der Ebene von langue/parole? – Nein!

[89] *D.B. Linke*, in: Familie&Co spezial: Computer, S. 40.

[90] *J.W. v. Goethe*, Werke der Hamburger Ausgabe, Band 9, Hamburg 1982, S. 34.

Raus mit der Sprache ***in*** der Theologie im Sinne des Erwerbs von Schlüsselwörtern der Traditionen und termini technici des Faches? – Ja!

Vor allem aber jedoch *Raus mit der Sprache* ***in*** der Theologie auf der Ebene von langage, um das Lied, das laut Joseph von Eichendorff in allen Dingen schläft (Schläft ein Lied in allen Dingen) zum Klingen zu bringen.

WinWord: ein Schreiben in Sand?[91] Im Gegensatz zu humaner Kommunikation ist Sprache als Kommunikationsmittel nach dem Sender-Empfänger-Modell etwas, das nicht versagt, wenn man es beherrschen will. Gewinnende Worte menschlicher Kommunikation jedoch müssen bei aller Deutlichkeit hinreichend überhörbar, auch hinreichend un- und mißverständlich sein. Denn beim nichtverstehenden Hören passiert etwas, beim verstehenden Hören nichts oder nur wenig.

Folgende Passage Rudolf Bultmanns zu Problemen analogen theologischen Redens erhellt prophetisch heutige Probleme multimedial gesendeten theologischen Redens:

»Versteht man unter ›von Gott‹ reden *›über Gott‹ reden,* so hat solches Reden überhaupt keinen Sinn; denn in dem Moment, wo es geschieht, hat es seinen Gegenstand, Gott, verloren ... Denn jedes ›Reden *über*‹ setzt einen Standpunkt außerhalb dessen, worüber geredet wird, voraus ... Es gibt eine Frömmigkeit als »Flucht vor Gott«, wo »der Mensch gerade der Wirklichkeit entfliehen will, in der er einzig Gottes Wirklichkeit erfassen kann. Es ist ja wohl verständlich, daß der Pseudo-Gott des Schöpferischen oder des Irrationalen die menschliche Gottessehnsucht bezaubern kann; denn er verheißt dem Menschen, daß er von sich selbst loskomme. Aber diese Verheißung ist ein Mißverständnis und ein Betrug; denn in dem der Mensch *so* von sich selbst loskommen will, entläuft er Gott – wenn anders Gott die seine konkrete Existenz bestimmende Macht ist, – und läuft sich selbst in die Arme, – wenn anders die Gedanken des schöpferischen Urquells und des Irrationalen menschliche Abstraktionen sind und die Erlebnisse, derer der Mensch sich in solchen Zuständen getröstet, höchst menschliche Vorgänge.«[92]

Probleme multimedial gesendeten theologischen Redens heben also Problemen analogen theologischen Redens leider nicht antagonistisch auf, wie manche vielleicht hoffen, sondern überlagern, verstärken und kaschieren sie. Die Gesetzmäßigkeiten und Strukturen der von Bultmann scharfsinnig beobachteten Frömmigkeit als »Flucht vor Gott«, getrieben von der fixen Idee, der Wirklichkeit der konkreten Existenz zu entfliehen und von sich selbst loszukommen, gelten auch für die

[91] Das Silizium der Computer-Chips wird aus Kohle und Quarzsand hergestellt.

[92] *R. Bultmann*, Welchen Sinn hat es, von Gott zu reden? in: Theologische Blätter IV, 1925, S. 129-135.

Erwartungen, mit denen Menschen EDV-Dinge (»Gadgets«) aufladen. Medien/Internet verheißen, von einem sicheren Außenstandort aus »drin sein« zu können, – außen sicher sein, »in« und bei sich sein zugleich.
Für theologische (Medien)Arbeit und Wortfeuerwerke bleiben zwei Regeln: Erst wissen, was gespielt wird. Dann spielen, was gewußt wird. Und: Laßt Medien phantasiereich *sprechen*, *zur Sprache kommen*, anstatt Sprechen und Sprache nur an (Phantasie)Verstärker anzuschließen oder den Worten elektronische Flügel zu verleihen. Das wäre der Paradigmenwechsel von »Winword« alias »Word für Windows« (=*Textverarbeitungsprogramm*) zu »WinWord« alias »Word as Windows«. Das Wort als Fenster zur humanen Welt des Reich Gottes: die Welt geht DEOnline. Gehen Sie mit.
Ich habe erlebt (und diese Erfahrung ließe sich – so fürchte ich – leicht wiederholen), daß der Moderator einer theologischen Fachtagung nach dem Vortragsende eines Kollegen die Gesprächsrunde eröffnete mit der Bemerkung: »Ja, meine Damen und Herren: vieles von dem, was wir da gehört haben, haben wir wahrscheinlich noch gar nicht gewußt!« Wenn man also offensichtlich normalerweise über große Entfernungen auf Fachkongresse fährt mit der erklärten Absicht, sich nur bestätigen zu lassen in dem, was man immer schon wußte, so ist doch der Exodus nach Babel zu wagen. »Was ich im Sprechen suche, ist die Antwort des anderen. Was mich als Subjekt konstituiert, ist meine Frage. Um vom anderen anerkannt zu werden, spreche ich das, was war, nur aus im Blick auf das, was sein wird. Um ihn zu finden, rufe ich ihn bei einem Namen, den er, um mir zu antworten, übernehmen oder ablehnen muß.«[93]
Mein Versuch, im Blick auf aktuelle Zeitphänomene möglichst klar zu einer dezentralen konstruktiven Semiotik von Theologie zu formulieren, ging stillschweigend davon aus, daß sich Texte in Kontexten unweigerlich selbst destabilisieren. *Jeder* Vortrag ist *Probe*vortrag:
»Ich halte Ihnen keinen Unterricht *ex cathedra*. Ich glaube, es ist unserem Objekt, der Sprache und dem Sprechen, nicht angemessen, daß ich Ihnen hier etwas Apodiktisches vortrage, das Sie bloß zu registrieren und in Ihre Tasche zu stecken brauchen. Allerdings, wie die Dinge so gehen, gibt es mehr und mehr Sprache in unseren Taschen, und sie überflügelt sogar unser Gehirn, was keinen großen Unterschied macht – man kann immer sein Taschentuch darüber legen.«[94]

93 J. Lacan, Schiften I, a.a.O., S. 143.
94 *J. Lacan*, Das Ich in der Theorie Freuds und in der Technik der Psychoanalyse, Olten 1980, S. 398.

V. Anhang: Paßwort – Semiotisches Glossar[95]

> »Wenn neuere Texte aus Frankreich für ausländische Leser mitunter allzu mysteriös klingen, so kann dies auch daran liegen, daß die eigenen Resonanzflächen zu schmal oder zu unelastisch sind.«[96]

Jedes Fach hat legitimer- und notwendigerweise spezifisches Vokabular, welches gelernt werden muß. Das Idiom dient dazu, mit fachspezifischen Komplexitäten adäquater umzugehen. Es ergeben sich dabei aber verschiedene Versuchungen. Einmal besteht die Versuchung, sich der anstehenden Komplexitäten durch Begriffs-Zauber und Zeichen-Trick zu entziehen und die eigene Unsicherheit durch exklusiven Insiderjargon zu übertönen (und dabei Außenseiter zu diskreditieren). Dabei spielt keine Rolle, ob dies in Form geschwollener Glossolalie als Art »großartiger mentaler Erbsensuppe«[97], in Form euphorischer formallogischer Nüchternheit oder als skrupulöse Rede à la Celan stattfindet. Die beiden letzten Varianten sehen vielleicht etwas intellektueller-schicker aus. Dann gibt es aber auch die Versuchung zu dem Kurzschluß, mit der Ignorierung entsprechender Begriffsfelder auch die damit verbundenen existentiellen Lebenswelten loswerden zu können und sich der Komplexität durch Blasiertheit entledigen zu können.
Lacan ging vom **Formalismus** zum **Strukturalismus** über[98], indem er nicht nur die Sprache in ihrer formalen Gesetzlichkeit (**langue**), sondern die Sprache insgesamt in ihren verschiedenen strukturalen Funktionen (**langage**) erforschte. De Saussure gab dem Aspekt der **Synchronie** Vorrang vor dem der **Diachronie**. Dies unter anderem ermöglichte als strukturales Prinzip eine Art systemimmanenter bzw. -relativer Bedeutungswertrelevanz: ein Zeichen ist nur durch seine Unterschiede von anderen Zeichen im System identifizierbar und nicht durch Referenz auf Objekte oder Sachverhalte. Lacan radikalisierte diese revolutionäre symmetrische Polarisierung von **Signifikat** (Bezeichnetes/Verfolgtes) und **Signifikant** (Bezeichnendes/Be*stimm*-

95 Hans-Joachim Metzger, der Übersetzer der Seminare Lacans, sprach »von sachte gewagtem Jargon« (vgl. *J. Lacan*, Das Ich in der Theorie Freuds und in der Technik der Psychoanalyse, Olten 1980, S. 417).
96 *B. Waldenfels*, Phänomenologie in Frankreich, Frankfurt 1987, S. 13.
97 *P. Glaser*, Das Innere der Wir-Maschine, in: M. Waffender (Hg.), Cyberspace, Hamburg 1991, 203-237, S. 233.
98 Vgl. *E. Roudinesco*, Jacques Lacan. Bericht über ein Leben, Geschichte eines Denksystems, Köln 1996, S. 412.

bares/Lautbild) durch Saussure, indem er dem Signifikanten relativen Vorrang gab.[99]
Laut Hegel galt als Ort für Wahrheit nicht mehr das »Urteil« nach Maßgabe aristotelischer Syllogistik, sondern der Begriff im unendlichen Kontext seines Lebens: »Das Element des Wahren ist der Begriff«[100]. Lacan reduziert dies noch auf den Buchstaben, indem er den Buchstaben auf den Begriff brachte und umgekehrt: der (platonische) Geist (im Gestell aristotelischer Satzkonstruktionen) ist tot, es lebe der Buchstabe. »Sicher, man sagt, der Buchstabe tötet und Geist macht lebendig. Wir schließen uns nicht aus von dieser Konvention ... aber wir fragen auch, wie der Geist ohne den Buchstaben leben könnte.«[101]
So widerfährt der Symmetrie der synchronen Strukturen eine Dezentrierung. Weiteres kommt hinzu: eine Achtung der Materialität der buchstäblichen Ordnungen (vgl. Judentum/Midrasch) soll den üblichen Dualismen vorbeugen, als deren Scharnier sich das Subjekt ausgibt. Dieser **Strukturalismus** unter dem Vorrang des **Signifikanten** als »das Drängen des Buchstabens im Unbewußten«[102] bedeutet somit dessen dezentrale Durchführung. Galt der Begriff »**Struktur**« als Anzeichen für die Konzentration auf Zusammensetzungsprozesse und Beziehungsgeschehen, so nahm (phänomenologischer) **Neostrukturalismus** bzw. (erkenntnistheoretischer) **Dekonstruktivismus** darüber hinaus noch das Imaginäre aller strukturorganisierenden Zentren – sei es als Ich-Identität, als System, als Natur oder Gott – in den Blick. **Strukturalismus** und **Konstruktivismus** sind phänomenologische und erkenntnistheoretische Varianten *eines* Forschungsansatzes. **Konstruktivistische** Ansätze sind erkenntnistheoretische Analogien zu **strukturalphänomenologischen** Ansätzen, und ***de*konstruktivistische** Ansätze sind erkenntnistheoretische Analogien zu phänomenalen ***neo*strukturalistischen** Umordnungsprozessen. ***Neo*strukturalismus** repräsentierte den Versuch, Transformationsprozesse ohne Zentrum, zu denken: Gestaltprozesse ohne feststellbaren Veranstalter. Analog zu dieser phänomenologischen Forschungsentwicklung verwies das **konstruktivistische** Paradigma erkenntnistheoretisch darauf, daß wir keine Erkenntnis von einer objektiven Wirklichkeit haben können, sondern nur von unserer »Erfahrungsorganisation«. Ein *pseudonaiv-systemischer* **Konstruktivismus** (bei aller Achtung: Luhmann) erschlich unter diesem Stichwort noch stillschweigend und implizit Ich als Wurzel dieser Konstruktionen. **Radikalere konstruktivistische**

[99] Bezeichnenderweise spricht Meyer-Blanck vom »Funktionszusammenhang Zeichen«, für den sich »die Termini ›Signifikant‹, ›Signifikat‹ und ›Referent‹ eingebürgert« hätten (a.a.O., S. 50).
[100] *G.W.F. Hegel*, Werke in zwanzig Bänden, Band 3 Frankfurt 1980, S. 15.
[101] J. Lacan, Schriften II, a.a.O., S. 34.
[102] Ebd., S. 15.

Ansätze[103] machen zwar ernst mit der *Subjektivität* von Beobachtungszentren. Aber erst ein ***dezentraler*** **Konstruktivismus** geht insofern konstruktivistischen Ansätzen an die Wurzel und konsequent über sie hinaus, als er die Fälligkeit von De-Re-Konstruktionsprozessen *selbst noch für Subjektivität* veranschlagt, und sei es die Subjektivität einer Selbstvorstellung Gottes im heiligen Tetragramm. Dies bezeichnete ich als eine Nahtstelle von **Neostrukturalismus** bzw. **Dekonstruktivismus** und Theologie im Rahmen jüdisch-christlicher Traditionen. Die entscheidende Frage an **Konstruktivismus** wie **Dekonstruktivismus** gleichermaßen lautet, ob sie subjektwillkürzentriert sind oder theonom. Auf jeden Fall ist dies der Zeitpunkt, Hörgewohnheiten zu ändern: **Dekonstruktion** hat ihr »De« nicht der Destruktion entliehen, womit doch wiederum nur ein idealistisch-autopoietisches Willkürsubjekt erschlichen wäre (Adorno sprach von »Unverschämtheit« und Lacan von »Wahnsinn«), und Heidegger derartig linear-destruktiv festgestellt wäre, wie er gar nicht eingestellt war. **Dekonstruktion** hat ihren erkenntnistheoretischen »De«-Index von der *De*zentralität der **neostrukturalistisch** beobachteten Umordnungsprozesse. Das Paradox vernunftkritisch operierender Vernunft ist aufgehoben in/durch diese(r) Dezentralität des Subjekts. **Dekonstruktion** kommt von »dezentral« und nicht von einem den Konstruktionsbegriff nur negativ doppelndem »destruktiv«; das ist die heuristische Pointe.

Im Gegensatz zu formallogischen Schematismen, die Wahrheitswertetafeln leicht als Wahrheitstafeln suggerieren, ließ Lacan zur Sprache kommen, indem er unter anderem Matheme und Grapheme zu inszenieren pflegte. Den Vorrang des **Signifikanten** vor dem **Signifikat** skizziert er als S/s (»Signifikant über Signifikat«), wobei sich im Bruchstrich »der Einschnitt zeigt, mit dem die moderne Linguistik beginnt.«[104] Das, was zählt, spielt sich im Zähler durch **Signifikanten** (Äußerungen, Verlautbarungen, Bemerkungen, Nennprozesse, Notizen) ab. **Signifikant** ist z.B. »ein bestimmter Geruch, ein bestimmtes Wort, ein bestimmtes Knistern, ein bestimmter Körperteil, ein be-

[103] Die Wendung »radikaler Konstruktivismus« geht auf *Ernst von Glasersfeld* zurück; vgl. dazu *ders.*, Wissen, Sprache und Wirklichkeit. Arbeiten zum radikalen Konstruktivismus, Braunschweig 1987; *ders.*, Einführung in den radikalen Konstruktivismus, in: *P. Watzlawick* (Hg.), Die erfundene Wirklichkeit. Wie wissen wir, was wir zu wissen glauben? Beiträge zum Konstruktivismus, München 1985, S. 16-39; *G. Bentele*, Wie wirklich ist die Wirklichkeit? Anmerkungen zu Konstruktivismus, Realismus und Realismus in den Kommunikationswissenschaften, in: *W. Wunden* (Hg.), Wahrheit als Medienqualität (Beiträge zur Medienethik Bd. 3), Frankfurt 1996, S. 121-139, hier: S. 124; *G. Rusch*, Erkenntnis, Wissenschaft, Geschichte. Von einem konstruktivistischen Standpunkt, Frankfurt 1987, S. 194-213.

[104] J. Lacan, Schriften II, a.a.O., S. 21.

stimmtes Zeichen – bestimmt immer von *anderswoher*, zum Beispiel durch die Mutter (aber was heißt schon Mutter; auch das kann alles mögliche sein).«[105] Nach Lacan ist die Vorstellung, »daß das **Signifikante** der Funktion entspreche, das **Signifizierte** vorzustellen«, die exakte Definition für »Illusion«[106], und »das Verhältnis des **Signifikanten** und des **Signifikats** (ist) weit davon entfernt, eineindeutig zu sein, wie man in der Mengentheorie sagt. »Das **Signifikat**, das sind nicht die ganz rohen Dinge, schon da gegeben in einer auf die Bedeutung hin offenen Ordnung. Die Bedeutung, das ist der menschliche Diskurs, sofern er immer auf eine andere Bedeutung verweist«[107]: Hypertext als Leben des Begriffs/**Signifikantenkette**. Das benennbare andere, meine neuen Erfahrungen, verdecken dabei zugleich die in jeder Benennung namenlosen Konnotationen.

Diesen Verweisungskontext nennt Lacan eine »Kette« mit einem bedeutungsschwangeren Gleiten: »Man kann also sagen, daß der Sinn in der **Signifikantenkette** *insistiert*, daß aber nicht ein Element der seine *Konsistenz* hat in der Bedeutung, deren es im Augenblick gerade fähig ist. Es drängt sich also der Gedanke auf, daß das **Signifizierte** unaufhörlich unter dem **Signifikanten** gleitet.«[108] Lacan assoziiert dazu die Laufschriften elektronischer Wandzeitungen am Timesquare und in Las Vegas: »Es handelt sich um eine Folge von Abwesenheit und Anwesenheiten oder vielmehr um die Anwesenheit auf dem Grund der Abwesenheit, der durch die Tatsache, daß eine Anwesenheit existieren kann, konstituierten Abwesenheit. Es gibt keine Abwesenheit im **Realen**. Abwesenheit gibt es nur dann, wenn Sie annehmen, daß es eine Anwesenheit geben kann da, wo es keine gibt. Ich schlage vor, im *in principio* das Wort zu situieren, insofern es die Opposition, den Kontrast schafft. Das ist der ursprüngliche Widerspruch von 0 und 1.«[109] Dabei ist »die Leidenschaft des Spielers [...] ja nichts anderes als die an den **Signifikanten** gerichtete Frage nach dem *automaton* des Zufalls.«[110]

Heute gibt es digitale Programme, die dieses Kettengleiten auch für Bilder auf den Begriff bringen: ein beliebiger Vorrat an Bildern wird dadurch zu einem neuen Gesamtbild generiert, indem den Einzelbildern aus dem Vorrat die Funktion von Pixeln zugeteilt werden, aus denen das neue Gesamtbild dann besteht. Bilder sind immer aus *Bildern als Pixel* generiert (vgl. Poster für den Film Truman-Show). »**Si-**

[105] *B. Kirchhoff*, Freud wieder ernst genommen, in: *B. Beuscher*, Positives Paradox, Wien 1993, S. 210.
[106] J. Lacan, a.a.O., S. 22.
[107] *J. Lacan*, Die Psychosen, Weinheim 1997, S. 142.
[108] Ders., Schriften II, a.a.O., S. 27.
[109] *J. Lacan*, Das Ich in der Theorie Freuds und in der Technik der Psychoanalyse, a.a.O., S. 396.
[110] Ders. Schriften I, a.a.O., S. 39.

gnifikat« ist der Bedeutungseffekt, der als fließender blinder Fleck in den **metonymischen** Lücken und Löchern des assoziativ-unbewußten Gleitstroms von **Signifikant** zu **Signifikant** fehlzündet. »Das **Signifikat**, das ist der Effekt es **Signifikanten.**«[111] Alles ist Schiebung, und aufgeschoben ist aufgehoben im vierfachen Wortsinne (auflesen, verwahren, in die Höhe heben, auflösen).

»Das Mögliche umfaßt jedoch nicht nur die Träume nervenschwacher Personen (=das **Imaginäre,** B.B.), sondern auch die noch nicht erwachten Absichten Gottes (=das **Symbolische**, B.B.).«[112] Gerade in diesen Leerstellen und Lücken liegen also Chancen für glückende Lehre. »Heilung« und »Evangelium« werden entsprechend als Fremd-Ressourcen vorgestellt, die ihrer ideologischen Assimilation harren. Lacan spricht von »Heilung als Verwirklichung des Subjekts durch ein Sprechen, das **von woanders** kommt und es durchquert.«[113] Und: »Es ist etwas anderes, was ich ein **Evangelium** nennen würde. Es ist die Ankündigung, daß die Geschichte eine andere **Diskursdimension** aufrichtet und die Möglichkeit eröffnet, vollständig die Funktion des Diskurses als solchen zu unterwandern.«[114] Davon unterscheidet Lacan narzißtische Unternehmen wie z.B. Vorlesungen halten. Er beschreibt »den Unterschied zwischen der Spiegelfechterei eines Monologs, dessen bequeme Phantasien dazu verleiten aufzuschneiden, und der harten Arbeit eines Diskurses ohne Ausflüchte, den die Psychologen nicht ohne Humor und die Therapeuten nicht ohne List mit dem Namen ›freie Assoziation‹ geschmückt haben.«[115] Also: »Was fällt uns eigentlich ein?« »Wie kommen wir nur darauf?« Goethe ließ Mephisto »vom Kribskrabs der Imagination« sprechen: »Die Stringenz der freien Assoziation im Rahmen des autonomen **Symbolischen** hebt sich ab von der **imaginären** Trägheit scholastischen Assoziatismus.«[116]

[111] Ders., Encore, S. 38.

[112] *R. Musil*, Der Mann ohne Eigenschaften, Reinbek 1981, S. 16.

[113] J. Lacan, Das Ich in der Theorie Freuds und in der Technik der Psychoanalyse, a.a.O., S. 296.

[114] Ders., Encore, a.a.O., S. 35; »In diesem Genre, die Evangelien, kann man nicht besser sagen. Man kann nicht besser von der Wahrheit sagen. Genau daraus resultiert, daß es Evangelien sind. Man kann gar nicht besser die Dimension der Wahrheit spielen lassen, das heißt besser die Realität zurückstoßen ins Phantasma« (ebd. S. 116). Walter Magaß brachte das Gleiche in semiotischem Jargon zur Sprache: »Der Herr der Welt ist eine Textkonstituente geworden und kommt nun aus der Syntax nur noch zu dem Preis heraus, daß er über neue Texte in neue Zeichensysteme eingeht« (*W. Magaß*, exempla ecclesiastica. Beispiele apostolischen Marktverhaltens. Mit einer Bibliographie zur Analyse der Kirchensprache, Bonn 1972, S. 46).

[115] Ders., Schriften I, a.a.O., S. 86.

[116] Ebd., 51.

Die Differenzierung von **Metapher** und **Metonymie** ist im Werk Lacans nicht immer strikt durchgehalten. Anläßlich einer Analyse der Rhetorik der Neujahrsansprache von Gerhard Schröder brachte Andreas Platthaus in der FAZ als Unterscheidungsversuch ein schönes Beispiel. So hat die Bildrede von einem überquellenden Briefkasten eine metonymische und eine metaphorische Dimension: »als Metonymie steht er für den Toten in einer Wohnung, der den Briefkasten nicht mehr lehren konnte (eine Ersetzung der Ursache durch die Wirkung), als Metapher bezeichnet er die Achtlosigkeit der anderen Nachbarn, die es selbst dan, wenn der Besitzer des Briefkastens nicht verstorben sein sollte, an der für eine soziale Gemeinschaft nötigen Aufmerksamkeit fehlen lassen: nicht nur der Briefkasten ist voll, auch das Maß.«[117] Insgesamt kann man festhalten, daß sich quer zur **Kontiguität** (zeitlicher Zusammenfall verschiedener Erlebnisinhalte) und Kontamination **metonymischer Shifter-Ketten** in kontinuierlicher Dimension **Metaphern** aufbauen können. Für beide gilt als Prinzip: »Üb Ersetzen« (im Gegensatz zu »üb er Setzen«, Hermann Timm). Lacan verweist auf die Lust der Kinder am (oftmals klanggeleiteten) **metonymischen** Sprachspielen und Lesen von Wort zu Wort (*»Wort für Wort«*[118]), – auf eine immer ausstehende Bedeutung anspielen, welche assoziative Spontanproduktion nicht nur schulisch gemeinhin als »Blödsinn« gelten soll. **Metaphorik** dagegen ist semantisch kultivierte Wortschatzarbeit, die aber gleichwohl auch ihren Effekt aus **metonymischer** Kontamination ziehen. »Das Wort ist nicht Zeichen, sondern Bedeutungsknoten.«[119] Ist das **metaphorische** Verdichten (*»Ein Wort für ein anderes«*[120]) kunstvoll auf der Stelle verweilend auch häufig der Versuch, das **metonymische** Entgleiten zu bremsen und festzustellen, was los ist, so kann **Metaphorik** auch getrieben werden bis hin zum katachrestischen Kollaps, der sich meist in Gewöhnung zeigt (Lexikalisierung: »Fuß des Berges«), der wieder in **Metonymie** übergeht: **metaphorisierende** Knotenstellen implodieren zu **metonymisierenden** Löchern. Die **Metapher** nimmt jedenfalls den Weg über intellektuelle Passagen: »Die Metapher aber ist immer eine Unterbrechung des Vorstellungsganges und eine stete Zerstreuung, da sie Bilder erweckt und zueinanderstellt, welche nicht unmittelbar zur Sache und Bedeutung gehören, und daher ebenso sehr auch von derselben fort zu Verwandtem und Fremdartigem herüberziehn«[121], – metaphérein: anderswohin tragen. Die **Metonymie** bezieht dabei un-

[117] *A. Platthaus*, in: FAZ 3 (2000), S. 49.
[118] J. Lacan Schriften II, a.a.O., S. 30.
[119] Ebd., S. 166.
[120] Ebd., S. 32.
[121] *G.W.F. Hegel*, Vorlesungen über die Ästhetik, hg. v. H.G. Hotho, SW I, Stuttgart 1953, S. 539.

bewußte Umwege über Sinne ein; beide treffen sich im Unendlichen, welche Integration den »Realidealcharakter von Sprache« (Bruno Liebrucks) ausmacht. Der Poesiebegriff einer poetischen Praktikotheologie lebt vom Zusammenspiel metonymischer und metaphorischer Elemente. Lacan nutzt deswegen die Möglichkeit des Französischen, um das Pronomen der ersten Person singularis zweifach auszudrücken: **»Je«/«moi«.** Nie komme ich zu mir als dem **»Je«-Ich** (das Ich-Ideal nach Lacan) hinter allem (z.B. dem Glanz im Auge der Mutter, Kohut), das mich mir als »totale Form des Körpers« als ganz vorspiegelt, sondern erreiche alleine imaginäre Dimensionen eines **»moi«-Ich** (Ideal-Ich nach Lacan, Körperbild) als schmollend-reflektierender Trotzrest, welches spekuläre Gesetz optischer Täuschung für alle Erkenntnis gilt (»Spiegelstadium«, I Kor 13,12 / Ex 33, 17-23 wir sehen nun durch einen dunklen Spiegel). Kann ich mich also auch noch so schön reden hören, so verhöre ich mich ständig und unerhört.

Generell gilt also eine signifikantenevozierte, doppelwirksame Signifikatsdialektik. Einmal ist das »andere«, welches das »**moi**« als selbständiges Wesen gewahrzuwerden glaubt, nur anderes-seiner-selbst (alter ego, Lacan nennt es »**Objekt klein a**«). Ein Andermal passiert dem/das Gleiten der **Signifikanten** ein Fremdimpuls **von woanders**, wobei die Intentionslinie des Begehrens gebeugt und die Willkür gekreuzt wird. Dann schlägt Gemeintes=**a/moi** anteilig um in Kontamination=**A/Je**.

Weil Gespräch stets zugleich Selbstgespräch ist, gilt das auch für den Selbstbezug. Idealistische Ich-Identität generierte phono- bzw. logozentrisch nach dem Tetragrammvorbild von Ex 3,14 ein autopoietisches System: den Automat eines **Signifikats**, das zugleich sein eigener **Signifikant** ist (»Herr Selbstverständlich«[122]). Die Option des Selbstbewußtseins, kurz und schmerzlos zu sich selbst zu kommen, ist aber ein Versprechen, das nur unter Narkose gehalten werden kann. Das **Subjekt** ist sub-jektum, »**sujet**«. Es herrscht also auch die »Dominanz des **Signifikanten** über das **Subjekt.**«[123] »Ich ist ein Anderer.«[124] Anstatt »Dialog« und »Kommunikation« soziolinguistischer Engführung zu unterwerfen, ergibt sich Ich als Effekt eines Gesprächs, weniger eines, das wir führen, sondern eines, das wir *sind* »mit allem, was geschieht, vom ersten Atemzug und den Lallübungen des Kleinkindes an bis zum letzten Gedicht.«[125] »Das **Subjekt** ist in Bezug auf

[122] J. Lacan, Schriften I, a.a.O., S. 104.
[123] Ebd., S. 60.
[124] A. Rimbaud, Prosa über die Zukunft der Poesie, Schlußsatz des Briefes an Paul Demeny vom 15. Mai 1871; *Hegel* spricht von der »Vermittlung des Sichanderswerdens mit sich selbst« (vgl. *ders.*, Phänomenologie des Geistes, GW III, Frankfurt 1970, S. 94f).
[125] B. Liebrucks, Sprache und Bewußtsein, a.a.O., Band 2, S. 246.

das Individuum dezentriert. Das ist es, was *Ich ist ein anderer* meint.«[126] Sprache als »Haus des Seins«[127] hat also ihre Heimtücke: Prozesse dekonstruktiver Semiotik sind praktisch-theologisches »*Abenteuer*, das heißt, etwas, *was mir zustößt* (was mir vom **Signifikanten** widerfährt) ... ein persönliches, aber nicht subjektives Abenteuer, da in ihm die Verschiebung des Subjekts inszeniert wird, und nicht sein Ausdruck.«[128] Das, was Lacan »das volle Sprechen« nennt[129], offenbart gerade »den Entzug, der in der Sprache waltet.«[130] Lacan erkennt diesen Mangel als Chance, wenn er feststellt, daß das »**Subjekt** ab Ursprung von Teilung markiert sei, woraus die Linguistik jenseits der Scherze der Kommunikation Kraft nimmt.«[131]
Nicht »Wer hat das Sagen?«, »Wie kann ich mich selbst unterbrechen?« und »Wie mache ich mich verständlich?«, sondern »eine richtige Antwort zu finden auf die Frage: Wer spricht? wenn es um das **Subjekt** des Unbewußten geht«[132] ist der Punkt, an dem die Geister sich scheiden. »Daß das Unbewußte radikal die Struktur von Sprache hat«[133] nannte Jacques Lacan »**symbolische Ordnung**«. »Mein Sagen, daß das Unbewußte strukturiert ist wie eine Sprache, ist nicht vom Feld der Linguistik«[134] präzisierte er und weiter: »Ist die Struktur der Sprache im Unbewußten erkannt, stellt sich die Frage nach ihrem **Subjekt**«[135]. Das **Symbol** ist »jenes Sprechen, das im **Subjekt** ist, ohne das Sprechen des **Subjekts** zu sein«[136]. Noch immer – wenn auch nicht mehr lautstark, so doch noch viel wirksamer stillschweigend – wird hier über das Image wissenschaftlicher Seriosität entschieden. So wäre die Habermas'sche Theorie des kommunikativen Handelns nie so populär geworden, hätte sie nicht vor dem Glatteis semiotischer Shifterketten begrifflich haltgemacht (Habermas sprach ja noch klassisch-metaphorisch vom »Dickicht der Lebenswelt«). Gleiches gilt für Luhmann: die schier unwiderstehliche Faszination seiner Systemtheorie, die m.E. in keinem Verhältnis zu deren heuristischen Früchten steht, liegt in der Wirkung, die die »Vermählung des Geborenen mit dem Gemachten« (Kevin Kelly) auf ein gestreßtes Subjekt macht, daß

[126] J. Lacan, Das Ich in der Theorie Freuds und in der Technik der Psychoanalyse, a.a.O., S. 16.
[127] *M. Heidegger*, Über den Humanismus, Frankfurt 1949, S. 5.51f.
[128] *R. Barthes*, Das semiologische Abenteuer, Frankfurt 1988, S. 8.
[129] J. Lacan, Schriften I, a.a.O., S. 93.
[130] *H. Lang*, Die Sprache und das Unbewußte. Jacques Lacans Grundlegung der Psychoanalyse, Frankfurt 1973, S. 283.
[131] *J. Lacan*, Radiophonie/Television, Weinheim 1988, S. 9.
[132] J. Lacan, Schriften II, a.a.O., S. 174.
[133] J. Lacan, Schriften I, a.a.O., S. 182.
[134] Ders., Encore, a.a.O., S. 20.
[135] Ders., Schriften II, a.a.O., S. 173.
[136] Ders., Das Ich in der Theorie Freuds und in der Technik der Psychoanalyse, a.a.O., S. 219.

á la Münchhausen Identität, Kontinuität, Sozietät und Pietät leisten soll.
So wird häufig unter dem Stichwort »**Symbol**« dem magischen Nimbus von ontotheologischen Fetisch-Dingen mit linguistischem Spektakel als Gegenzauber begegnet (=Zeichentrick). Aber im definitorisch nicht schlichtbaren Streit zwischen **Symbol** und **Zeichen** kämpfen zwei Modelle zentrierter Verfügungssprache gegeneinander, welcher Kampf sich erst mit der Einsicht in die Dezentralität der Sinninstanz erübrigt. Daß **Symbole** zeichenhaft wirken und **Zeichen** symbolisch, liegt an einem unverfügbaren, dezentralen, nichtfeststellbaren Faktor, der je und je **von woanders** zufällt. Erst in der Passion solcher Zufälle, die nicht Feld meiner Willkür sind, sondern Raum einer x-Be*liebig*keit (agape), wird die Abwehr gelassen und Sprache kommt ins Spiel. Bisher ist jedoch das symbolische wie das semiotische Paradigma imaginär vereinnahmt: »Es gibt eine Trägheit des **Imaginären**, die wir eingreifen sehen in den Diskurs des **Subjekts**, die ihn stört, den Diskurs, die bewirkt, daß ich nicht merke, daß ich, wenn ich jemandem gut will, ihm übel will, daß, wenn ich ihn liebe, ich selbst es bin, den ich liebe, oder daß ich, wenn ich mich zu lieben glaube, genau in dem Moment einen anderen liebe. Es ist gerade die dialektische Übung der Analyse, diese imaginäre Verwirrung aufzulösen und dem Diskurs seinen Diskurs-Sinn zurückzugeben. Es geht darum, ob das **Symbolische** als solches existiert oder ob das **Symbolische** bloß das zweitgradige Phantasma imaginärer Koaptationen ist.«[137] Diese Frage nach der Dezentrierung (»**von woanders**«), theologisch gesprochen *die* theologische Frage nach Theonomie, ist laut Lacan die Frage, um die sich alles dreht:
»Die Kopernikanische Revolution ist mitnichten eine Revolution ... Die Tatsache, diesen beherrschenden Punkt auszuwechseln, ihn von der Erde oder der Sonne besetzen zu lassen, (ist) nichts an sich, was das subvertieren könnte, was der **Signifikant** *Zentrum* konserviert von sich selbst ... Sicher, es ist jetzt evident, daß die Sonne auch nicht mehr Zentrum ist und daß sie auf einem Spaziergang ist durch einen Raum, dessen Statut immer heikler festzulegen ist. Was im Zentrum bleibt, das ist diese liebe Gewohnheit, die macht, daß das **Signifikat** schlußendlich immer den gleichen Sinn bewahrt. Dieser Sinn ist gegeben durch das Gefühl, das jeder hat, weil er Teil seiner Welt ist, das heißt, seiner kleinen Familie und alles dessen, was sich darum dreht. Jeder von Ihnen – ich rede sogar für die Linken – sind Sie hier mehr, als Sie glauben, dem verhaftet, und zwar in einem Maße, das zu erfassen Sie gut täten ... Das **Signifikat** findet sein Zentrum, wohin Sie es auch bringen mögen ... Es ist nicht, das Zentrum auszuwechseln. Es

[137] Ebd., S. 389.

dreht sich ... – es dreht sich als Ellipse, und das stellt bereits die Funktion des Zentrums in Frage.«[138]
Entsprechend tragen alle Kriterien des Symbolverständisses bei Paul Tillich deutliche Merkmale des dezentralen passivisch-Kontingenten, und dieses dezentrale Muster ist der Anteil bzw. Anknüpfungspunkt (symballein) von **Signifikant** und **Signifikat**[139]. Erst dezentral-kontingent fallen Worte und Taten als Vertun und Versprechen ineins. Kann üblicherweise alles, was wir sagen, gegen uns verwendet werden, beginnt nun alles, was wir verwenden, zu sprechen. Sicher kann man auch das Gleiten als solches feststellen: aus Ausrutschern Surfen machen aus Taumeln und Schwanken Tanz oder theologisch formuliert den »quergestrichenen Christus« (E. Güttgemanns) reinstallieren als letztinstanzlichen Inbegriff des freischwebenden **Signifikanten**. Aber kann man kann nicht ständig tanzen und »die Mythe log« (Gottfried Benn 1886-1956) vielleicht doch nicht.

[138] Ders., Encore, a.a.O., S. 47.
[139] Vgl. *P. Tillich*, GW VIII, Stuttgart 1970, S. 139ff.

Die Autoren

Bernd Beuscher, Dr. päd. habil., geb. 1958,
seit 1995 Wissenschaftlicher Assistent am Seminar für Theologie und ihre Didaktik an der Erziehungswissenschaftlichen Fakultät der Universität zu Köln. Studium von Pädagogik, Philosophie, Germanistik, Psychologie und Religionspädagogik in Düsseldorf, Essen und Köln.
Buchveröffentlichungen: Keine Zukunft für Illusionen. Heilsame Enttäuschungen in Theologie und Psychoanalyse, Marburg 1987; Positives Paradox. Entwurf einer neostrukturalistischen Religionspädagogik (Dissertation), mit einem Anhang von Bodo Kirchhoff, Wien 1993; (Hg.) Schnittstelle Mensch. Mensch und Maschine — Erfahrungen zwischen Anthropologie und Technologie, Heidelberg 1994; (Hg.) Prozesse postmoderner Wahrnehmung. Kunst – Religion – Pädagogik, Wien 1996 (mit Harald Schroeter und Rolf Sistermann); Religion und Profanität. Entwurf einer profanen Religionspädagogik, Weinheim 1998 (mit Dietrich Zilleßen); Remedia. Religion, Ethik, Medien. Entwurf einer religionspädagogischen Theologie der Medien (Habilitation), Norderstedt 1999.

Hans-Helmuth Gander, Dr. theol., geb. 1954,
studierte Philosophie, Psychologie, Kunstgeschichte, Archäologie, Germanistik, Theater-, Film und Fernsehwissenschaften an den Universitäten Köln, Saarbrücken und Freiburg; 1987 Promotion; 1987-1992 wiss. Mitarbeiter an der Heidegger-Gesamtausgabe; 1998 Habilitation; seither Privatdozent für Philosophie an der Universität Freiburg; 1998 Gastdozentur am Collegium Phaenomenologicum Perugia; z. Zt. Vertretung einer Professur und in dieser Funktion kommissarischer Direktor des Freiburger Husserl-Archivs; seit Juli 2000 DFG-Projektleiter (»Multikulturalismus. Eine Untersuchung zu den moralischen und politischen Grundlagen moderner Gesellschaften am Beispiel der USA«) am Sonderforschungsbereich 541 der Universität Freiburg; seit 1991 Mitherausgeber der Schriftenreihe der Martin-Heidegger-Gesellschaft.

Veröffentlichungen: Positivismus als Metaphysik. Voraussetzungen und Grundstrukturen von Diltheys Grundlegung der Geisteswissenschaften (Freiburg/München 1988); (Hrsg.:) Von Heidegger her. Wirkungen in Philosophie – Kunst- Medizin (Frankfurt/M 1991); (Hrsg.:) Europa und die Philosophie (Frankfurt/M 1993, italienisch 1999); (Hrsg.:) Martin Heidegger: Grundprobleme der Phänomenologie. Gesamtausgabe Bd. 58 (Frankfurt/M 1993); (Hrsg.:) »Verwechselt mich vor allem nicht!«. Heidegger und Nietzsche (Frankfurt/M 1994, japanisch 1998) Selbstverständnis und Lebenswelt. Grundzüge einer phänomenologischen Hermeneutik im Ausgang von Husserl und Heidegger (Frankfurt/M. 2000); Aufsätze u. a. zu Platon, Augustinus, Dilthey, Nietzsche, Husserl, Heidegger, Gadamer, Foucault, Taylor.

Ulrich H.J. Körtner, Dr. theol., geb. 1957,

seit 1992 Ordinarius für Systematische Theologie an der Evangelisch-Theologischen Fakultät der Universität Wien. Nach dem Studium der Evangelischen Theologie in Bethel, Münster und Göttingen Assistentenzeit und Vikariat an der Kirchlichen Hochschule Bethel und in Bielefeld. 1982 Promotion, 1987 Habilitation an der Kirchlichen Hochschule Bethel. 1986-1990 Gemeindepfarrer in Bielefeld, 1990-1992 Studienleiter an der Evangelischen Akademie Iserlohn. Vorsitzender der Rudolf-Bultmann-Gesellschaft für Hermeneutische Theologie.

Buchveröffentlichungen (Auswahl): Der inspirierte Leser. Zentrale Aspekte biblischer Hermeneutik, 1994 (ungarische Übersetzung 1999); Zwischen den Zeiten. Studien zur Zukunft der Theologie, 1997; (zus. m. Klaas Huizing und Peter Müller) Lesen und Leben. Drei Essays zur Grundlegung einer Lesetheologie, 1997; (Hg.) Poetologische Theologie. Zur ästhetischen Theorie christlicher Sprach- und Lebensformen. Ein Werkstattgespräch (Interdisziplinäre Forschung und fächerübergreifender Unterricht 2), 1999; (Hg.) Glauben und Verstehen. Perspektiven hermeneutischer Theologie, Neukirchen-Vluyn 2000.

James Alfred Loader, D.Litt., Th.D., D.Th., geb. 1945,

Inhaber des Lehrstuhls für Alttestamentliche Wissenschaft und Biblische Archäologie an der Evangelisch-Theologischen Fakultät der Universität Wien. Studium der Semitistik, Altphilologie und Theologie in Pretoria, Groningen (Niederlande) und an der Universität von Südafrika. Promotion in Semitischen Sprachen, Alttestamentlicher Theologie, Kirchengeschichte. Research Fellow, St. John's College, Cambridge. Nach Professuren an der Philosophischen Fa-

kultät der Universität von Pretoria und an der Theologischen Fakultät der Unisa, seit 1997 Ordinarius in Wien.
Veröffentlichungen: Monographien zu historisch-kritischen, exegetischen und forschungsgeschichtlichen Themen, Kommentare zu verschiedenen alttestamentlichen Büchern, 138 fachwissenschaftliche Artikel, 264 allgemeinverständliche Artikel. Herausgeber der *Wiener Alttestamentlichen Studien.*

Matthias Petzoldt, Dr. theol., geb. 1948,
Studium der Evangelischen Theologie in Leipzig und Naumburg; 1977-1985 Gemeindepfarrer in Bautzen, 1984 Promotion an der Theologischen Fakultät in Leipzig, 1992 Habilitation an der Augustana-Hochschule Neuendettelsau; 1987 Dozent für Systematische Theologie am Theologischen Seminar Leipzig; 1990 Professor für Systematische Theologie an der Kirchlichen Hochschule in Leipzig; seit 1994 Professor für Fundamentaltheologie und Hermeneutik an der Theologischen Fakultät der Universität Leipzig; seit 1996 Vorsitzender des Kuratoriums der Evangelischen Zentralstelle für Weltanschauungsfragen der EKD (Berlin); Mitherausgeber der Berliner Theologischen Zeitschrift.
Buchveröffentlichungen: Gottmensch und Gattung Mensch. Studien zur Christologie und Christologiekritik Ludwig Feuerbachs. Berlin 1989; Christsein angefragt. Fundamentaltheologische Beiträge. Leipzig 1998. Aufsätze (Auswahl): Offenbarung - in sprechakttheoretischer Perspektive, in: Gottes Offenbarung in der Welt. FS H.G. Pöhlmann, 1998, 128-148; »Absolutheit des Christentums« - fundamentaltheologische Anmerkungen, in: idea-Dokumentation 8/99, 10-18; Apologetische Theologie heute. Differenzerfahrungen zwischen Glaube und Zeitströmungen (EZW-Texte 1999, 148) 1-15; Welche Lebenshilfe bietet Religion heute? In: D. Korczak (Hg.), Tradition erhalten - Fortschritt gestalten, 1999, 158-179; Von der Schwierigkeit, Gott zur Sprache zu bringen - oder: Von der Chance des gesprochenen Wortes im Fernsehzeitalter, in: Vom Wunsch, Gott zum Klingen zu bringen. FS V. Kreß, 1999, 61-68; Zum Unterscheidungspotential des Religionsbegriffs. Eine Problemanzeige, in: Dialog und Unterscheidung. Religionen und neue religiöse Bewegungen im Gespräch (EZW-Texte 2000, 151) 98-107.